Sc

Für Irina !

Vrin Lehmann
18. Mai 2018

von
Flavia und Peter

Friedrich Schiller
Gedichte

Auswahl und Anmerkungen
von Norbert Oellers

Philipp Reclam jun. Stuttgart

Vöcklabruck

RECLAMS UNIVERSAL-BIBLIOTHEK Nr. 18366
Alle Rechte vorbehalten
© 2001 Philipp Reclam jun. GmbH & Co., Stuttgart
Einbandgestaltung: Stefan Schmid, Stuttgart
Gesamtherstellung: Reclam, Ditzingen. Printed in Germany 2005
RECLAM, UNIVERSAL-BIBLIOTHEK und
RECLAMS UNIVERSAL-BIBLIOTHEK sind eingetragene Marken
der Philipp Reclam jun. GmbH & Co., Stuttgart
ISBN 3-15-018366-9

www.reclam.de

Inhalt

Das Mädchen aus der Fremde   9
An die Freude   10
Dithyrambe   13
Das Siegesfest   13
Hektors Abschied   18
Der Abend. Nach einem Gemälde . .   19
Die Blumen   20
Amalia   21
Die Kindesmörderin   22
An die Freunde   26
Das Lied von der Glocke   28

Der Ring des Polykrates   41
Die Kraniche des Ibykus   44
Damon und Pythias   50
Kassandra   54
Der Taucher   58
Der Handschuh   64
Der Alpenjäger   66

Die Sänger der Vorwelt   69
Der Tanz   70
Das Glück   71
Der Genius   74
Pompeji und Herkulanum   76

Shakespears Schatten 78
Die Geschlechter 80
Der Spaziergang 82
Nänie 90

Am Antritt des neuen Jahrhunderts . 92
Die Götter Griechenlandes 93
Die Ideale 97
Die Worte des Glaubens 100
Die Worte des Wahns 101
Klage der Ceres 102
Das Eleusische Fest 107
Die Künstler 113
Das Ideal und das Leben 128
Resignation 133
Die Gunst des Augenblicks 136
Poesie des Lebens 137
Sängers Abschied 139

Phantasie an Laura 140
Laura am Klavier 142
Elegie auf den Tod eines Jünglings . . 144
Eine Leichenphantasie 148
Vorwurf an Laura 150
Hymne an den Unendlichen 153
Die Größe der Welt 154
Die schlimmen Monarchen 155

Freigeisterei der Leidenschaft 159

———

Anmerkungen 165
Mythologische Namen und Begriffe .. 195
Nachwort 207
Gedichtüberschriften und -anfänge .. 210

Das Mädchen
aus der Fremde

In einem Tal bei armen Hirten
Erschien mit jedem jungen Jahr,
Sobald die ersten Lerchen schwirrten,
Ein Mädchen, schön und wunderbar.

Sie war nicht in dem Tal geboren,
Man wusste nicht, woher sie kam,
Doch schnell war ihre Spur verloren,
Sobald das Mädchen Abschied nahm.

Beseligend war ihre Nähe,
Und alle Herzen wurden weit,
Doch eine Würde, eine Höhe
Entfernte die Vertraulichkeit.

Sie brachte Blumen mit und Früchte,
Gereift auf einer andern Flur,
In einem andern Sonnenlichte,
In einer glücklichern Natur.

Und teilte jedem eine Gabe,
Dem Früchte, jenem Blumen aus,
Der Jüngling und der Greis am Stabe,
Ein jeder ging beschenkt nach Haus.

Willkommen waren alle Gäste,
Doch nahte sich ein liebend Paar,
Dem reichte sie der Gaben beste,
Der Blumen allerschönste dar.

An die Freude

Freude, schöner Götterfunken,
Tochter aus Elisium,
Wir betreten feuertrunken
Himmlische, dein Heiligtum.
Deine Zauber binden wieder,
Was die Mode streng geteilt,
Alle Menschen werden Brüder,
Wo dein sanfter Flügel weilt.
  Seid umschlungen Millionen!
  Diesen Kuss der ganzen Welt!
  Brüder – überm Sternenzelt
  Muss ein lieber Vater wohnen.

Wem der große Wurf gelungen,
Eines Freundes Freund zu sein,
Wer ein holdes Weib errungen,
Mische seinen Jubel ein!
Ja – wer auch nur Eine Seele
S e i n nennt auf dem Erdenrund!
Und wer's nie gekonnt, der stehle
Weinend sich aus diesem Bund!
  Was den großen Ring bewohnet
  Huldige der Simpathie!
  Zu den Sternen leitet sie,
  Wo der Unbekannte thronet.

Freude trinken alle Wesen
An den Brüsten der Natur,
Alle Guten, alle Bösen
Folgen ihrer Rosenspur.
Küsse gab sie uns und Reben,
Einen Freund, geprüft im Tod,
Wollust ward dem Wurm gegeben,
Und der Cherub steht vor Gott.

Ihr stürzt nieder, Millionen?
Ahndest du den Schöpfer, Welt?
Such ihn überm Sternenzelt,
Über Sternen muss er wohnen.

Freude heißt die starke Feder
In der ewigen Natur.
Freude, Freude treibt die Räder
In der großen Weltenuhr.
Blumen lockt sie aus den Keimen,
Sonnen aus dem Firmament,
Sphären rollt sie in den Räumen
Die des Sehers Rohr nicht kennt.
    Froh, wie seine Sonnen fliegen
    Durch des Himmels prächt'gen Plan,
    Wandelt Brüder eure Bahn,
    Freudig wie ein Held zum Siegen.

Aus der Wahrheit Feuerspiegel
Lächelt sie den Forscher an.
Zu der Tugend steilem Hügel
Leitet sie des Dulders Bahn.
Auf des Glaubens Sonnenberge
Sieht man ihre Fahnen wehn,
Durch den Riss gesprengter Särge
Sie im Chor der Engel stehn.
    Duldet mutig Millionen!
    Duldet für die bessre Welt!
    Droben überm Sternenzelt
    Wird ein großer Gott belohnen.

Göttern kann man nicht vergelten,
Schön ist's ihnen gleich zu sein!
Gram und Armut soll sich melden,
Mit den Frohen sich erfreun.
Groll und Rache sei vergessen,

Unserm Todfeind sei verziehn,
Keine Träne soll ihn pressen,
Keine Reue nage ihn.
  Unser Schuldbuch sei vernichtet,
  Ausgesöhnt die ganze Welt!
  Brüder – überm Sternenzelt
  Richtet Gott, wie wir gerichtet.

Freude sprudelt in Pokalen,
In der Traube goldnem Blut
Trinken Sanftmut Kannibalen,
Die Verzweiflung Heldenmut.
Brüder fliegt von euren Sitzen,
Wenn der volle Römer kreist,
Lasst den Schaum zum Himmel spritzen:
Dieses Glas dem guten Geist!
  Den der Sterne Wirbel loben,
  Den des Seraphs Hymne preist,
  Dieses Glas dem guten Geist,
  Überm Sternenzelt dort oben!

Festen Mut in schwerem Leiden,
Hülfe, wo die Unschuld weint,
Ewigkeit geschwornen Eiden,
Wahrheit gegen Freund und Feind,
Männerstolz vor Königsthronen,
Brüder, gält es Gut und Blut!
Dem Verdienste seine Kronen,
Untergang der Lügenbrut!
  Schließt den heil'gen Zirkel dichter,
  Schwört bei diesem goldnen Wein,
  Dem Gelübde treu zu sein,
  Schwört es bei dem Sternenrichter.

Dithyrambe

Nimmer, das glaubt mir, erscheinen die Götter
Nimmer allein.
Kaum dass ich Bacchus den lustigen habe,
Kommt auch schon Amor, der lächelnde Knabe,
Phöbus der Herrliche findet sich ein.
    Sie nahen, sie kommen die Himmlischen alle
    Mit Göttern erfüllt sich die irdische Halle.

Sagt, wie bewirt ich, der Erdegeborne
Himmlischen Chor?
Schenket mir euer unsterbliches Leben,
Götter! Was kann euch der Sterbliche geben?
Hebet zu eurem Olymp mich empor.
    Die Freude, sie wohnt nur in Jupiters Saale
    O füllet mit Nektar, o reicht mir die Schale!

Reich ihm die Schale! Schenke dem Dichter
Hebe nur ein.
Netz ihm die Augen mit himmlischem Taue,
Dass er den Styx, den verhassten, nicht schaue,
Einer der Unsern sich dünke zu sein.
    Sie rauschet, sie perlet, die himmlische Quelle,
    Der Busen wird ruhig, das Auge wird helle.

Das Siegesfest

Priams Veste war gesunken,
Troja lag in Schutt und Staub,
Und die Griechen, siegestrunken,
Reich beladen mit dem Raub,

Saßen auf den hohen Schiffen
Längs des Hellespontos Strand,
Auf der frohen Fahrt begriffen
Nach dem schönen Griechenland.
  Stimmet an die frohen Lieder,
  Denn dem väterlichen Herd
  Sind die Schiffe zugekehrt,
  Und zur Heimat geht es wieder.

Und in langen Reihen, klagend,
Saß der Trojerinnen Schar,
Schmerzvoll an die Brüste schlagend,
Bleich, mit aufgelöstem Haar.
In das wilde Fest der Freuden
Mischten sie den Wehgesang,
Weinend um das eigne Leiden
In des Reiches Untergang.
  Lebe wohl, geliebter Boden!
  Von der süßen Heimat fern,
  Folgen wir dem fremden Herrn,
  Ach wie glücklich sind die Toten!

Und den hohen Göttern zündet
Kalchas jetzt das Opfer an;
Pallas, die die Städte gründet
Und zertrümmert, ruft er an,
Und Neptun, der um die Länder
Seinen Wogengürtel schlingt,
Und den Zeus, den Schreckensender,
Der die Ägis grausend schwingt.
  Ausgestritten, ausgerungen
  Ist der lange schwere Streit,
  Ausgefüllt der Kreis der Zeit,
  Und die große Stadt bezwungen.

Atreus' Sohn, der Fürst der Scharen,
Übersah der Völker Zahl,
Die mit ihm gezogen waren
Einst in des Skamanders Tal.
Und des Kummers finstre Wolke
Zog sich um des Königs Blick,
Von dem hergeführten Volke
Bracht er wen'ge nur zurück.
   Drum erhebe frohe Lieder,
   Wer die Heimat wiedersieht,
   Wem noch frisch das Leben blüht,
   Denn nicht alle kehren wieder.

Alle nicht, die wiederkehren,
Mögen sich des Heimzugs freun,
An den häuslichen Altären
Kann der Mord bereitet sein.
Mancher fiel durch Freundestücke,
Den die blut'ge Schlacht verfehlt,
Sprach's Ulyss mit Warnungsblicke
Von Athenens Geist beseelt.
   Glücklich, wem der Gattin Treue
   Rein und keusch das Haus bewahrt,
   Denn das Weib ist falscher Art,
   Und die Arge liebt das Neue.

Und des frisch erkämpften Weibes
Freut sich der Atrid und strickt
Um den Reiz des schönen Leibes
Seine Arme hoch beglückt.
Böses Werk muss untergehen,
Rache folgt der Freveltat,
Denn gerecht in Himmels Höhen
Waltet des Chroniden Rat.
   Böses muss mit Bösem enden,
   An dem frevelnden Geschlecht

Rächet Zeus das Gastesrecht,
Wägend mit gerechten Händen.

Wohl dem Glücklichen mag's ziemen,
Ruft Oileus' tapfrer Sohn,
Die Regierenden zu rühmen
Auf dem hohen Himmelsthron!
Ohne Wahl verteilt die Gaben,
Ohne Billigkeit das Glück,
Denn Patroklus liegt begraben,
Und Thersites kommt zurück!
    Weil das Glück aus seiner Tonnen
    Die Geschicke blind verstreut,
    Freue sich und jauchze heut,
    Wer das Lebenslos gewonnen!

Ja der Krieg verschlingt die Besten!
Ewig werde dein gedacht,
Bruder, bei der Griechen Festen,
Der ein Turm war in der Schlacht.
Da der Griechen Schiffe brannten,
War in deinem Arm das Heil,
Doch dem Schlauen, Vielgewandten
Ward der schöne Preis zuteil.
    Friede deinen heil'gen Resten!
    Nicht der Feind hat dich entrafft,
    Ajax fiel durch Ajax' Kraft,
    Ach, der Zorn verderbt die Besten!

Dem Erzeuger jetzt, dem großen,
Gießt Neoptolem des Weins:
Unter allen ird'schen Losen
Hoher Vater, preis ich deins.
Von des Lebens Gütern allen
Ist der Ruhm das höchste doch,

Wenn der Leib in Staub zerfallen,
Lebt der große Name noch.
  Tapfrer, deines Ruhmes Schimmer
  Wird unsterblich sein im Lied;
  Denn das ird'sche Leben flieht,
  Und die Toten dauern immer.

Wenn des Liedes Stimmen schweigen
Von dem überwundnen Mann,
So will i c h für Hektorn zeugen,
Hub der Sohn des Tydeus an;
Der für seine Hausaltäre
Kämpfend ein Beschirmer fiel –
Krönt den Sieger größre Ehre,
Ehret i h n das schönre Ziel.
  Der für seine Hausaltäre
  Kämpfend sank, ein Schirm und Hort,
  Auch in Feindes Munde fort
  Lebt ihm seines Namens Ehre.

Nestor jetzt, der alte Zecher,
Der drei Menschenalter sah,
Reicht den Laubumkränzten Becher
Der betränten Hekuba:
Trink ihn aus den Trank der Labe,
Und vergiss den großen Schmerz,
Wundervoll ist Bacchus' Gabe,
Balsam fürs zerrissne Herz.
  Trink ihn aus den Trank der Labe,
  Und vergiss den großen Schmerz,
  Balsam fürs zerrissne Herz,
  Wundervoll ist Bacchus' Gabe.

Denn auch Niobe, dem schweren
Zorn der Himmlischen ein Ziel,

Kostete die Frucht der Ähren,
Und bezwang das Schmerzgefühl.
Denn solang die Lebensquelle
Schäumet an der Lippen Rand,
Ist der Schmerz in Lethes Welle
Tief versenkt und festgebannt.
    Denn solang die Lebensquelle
    An der Lippen Rande schäumt,
    Ist der Jammer weggeträumt,
    Fortgespült in Lethes Welle.

Und von ihrem Gott ergriffen
Hub sich jetzt die Seherin,
Blickte von den hohen Schiffen
Nach dem Rauch der Heimat hin.
Rauch ist alles ird'sche Wesen,
Wie des Dampfes Säule weht,
Schwinden alle Erdengrößen,
Nur die Götter bleiben stät.
    Um das Ross des Reuters schweben,
    Um das Schiff die Sorgen her,
    Morgen können wir's nicht mehr,
    Darum lasst uns heute leben!

Hektors Abschied

Andromache

Will sich Hektor ewig von mir wenden,
Wo Achill mit den unnahbarn Händen
Dem Patroklus schrecklich Opfer bringt?
Wer wird künftig deinen Kleinen lehren
Speere werfen und die Götter ehren,
Wenn der finstre Orkus dich verschlingt?

Hektor

Teures Weib gebiete deinen Tränen,
Nach der Feldschlacht ist mein feurig Sehnen,
Diese Arme schützen Pergamus.
Kämpfend für den heil'gen Herd der Götter
Fall ich, und des Vaterlandes Retter
Steig ich nieder zu dem styg'schen Fluß.

Andromache

Nimmer lausch ich deiner Waffen Schalle,
Müßig liegt dein Eisen in der Halle,
Priams großer Heldenstamm verdirbt.
Du wirst hingehn wo kein Tag mehr scheinet,
Der Kozytus durch die Wüsten weinet,
Deine Liebe in dem Lethe stirbt.

Hektor

All mein Sehnen will ich, all mein Denken,
In des Lethe stillen Strom versenken,
Aber meine Liebe nicht.
Horch! der Wilde tobt schon an den Mauern,
Gürte mir das Schwert um, laß das Trauern,
Hektors Liebe stirbt im Lethe nicht.

Der Abend

Nach einem Gemälde

Senke, strahlender Gott, die Fluren dürsten
Nach erquickendem Tau, der Mensch verschmachtet,
    Matter ziehen die Rosse,
        Senke den Wagen hinab.

Siehe, wer aus des Meers krystallner Woge
Lieblich lächelnd dir winkt! Erkennt dein Herz sie?
　　Rascher fliegen die Rosse,
　　　　Thetis, die göttliche, winkt.

Schnell vom Wagen herab in ihre Arme
Springt der Führer, den Zaum ergreift Kupido,
　　Stille halten die Rosse,
　　　　Trinken die kühlende Flut.

An dem Himmel herauf mit leisen Schritten
Kommt die duftende Nacht; ihr folgt die süße
　　Liebe. Ruhet und liebet,
　　　　Phöbus, der liebende, ruht.

Die Blumen

　　Kinder der verjüngten Sonne,
　　　　Blumen der geschmückten Flur,
　　Euch erzog zur Lust und Wonne,
　　　　Ja euch liebte die Natur.
　　Schön das Kleid mit Licht gesticket,
　　Schön hat Flora euch geschmücket
　　　　Mit der Farben Götterpracht,
　　Holde Frühlingskinder klaget,
　　S e e l e hat sie euch versaget,
　　　　Und ihr selber wohnt in Nacht.

　　Nachtigall und Lerche singen
　　　　Euch der Liebe selig Los
　　Gaukelnde Sylphiden schwingen
　　　　Buhlend sich auf eurem Schoß.

Wölbte eures Kelches Krone
Nicht die Tochter der Dione
  Schwellend zu der Liebe Pfühl?
Zarte Frühlingskinder weinet,
L i e b e hat sie euch verneinet,
  Euch das selige Gefühl.

Aber hat aus Nannys Blicken
  Mich der Mutter Spruch verbannt,
Wenn euch meine Hände pflücken
  Ihr zum zarten Liebespfand,
Leben, Sprache, Seelen, Herzen,
Stumme Boten süßer Schmerzen
  Goss euch dies Berühren ein,
Und der mächtigste der Götter
Schließt in eure stillen Blätter
  Seine hohe Gottheit ein.

Amalia

Schön wie Engel voll Walhallas Wonne,
  Schön vor allen Jünglingen war er,
Himmlisch mild sein Blick wie Maiensonne,
  Rückgestrahlt vom blauen Spiegelmeer.

Seine Küsse – paradiesisch Fühlen!
  Wie zwo Flammen sich ergreifen, wie
Harfentöne ineinander spielen
  Zu der himmelvollen Harmonie –

Stürzten, flogen, schmolzen Geist und Geist
                                zusammen,
  Lippen, Wangen brannten, zitterten,

Seele rann in Seele – Erd und Himmel schwammen
   Wie zerronnen um die Liebenden!

Er ist hin – vergebens, ach vergebens
   Stöhnet ihm der bange Seufzer nach!
Er ist hin und alle Lust des Lebens
   Wimmert hin in ein verlornes Ach!

Die Kindesmörderin

Horch – die Glocken hallen dumpf zusammen,
   Und der Zeiger hat vollbracht den Lauf,
Nun, so sei's denn! – Nun, in Gottes Namen!
   Grabgefährten brecht zum Richtplatz auf.
Nimm, o Welt, die letzten Abschiedsküsse!
   Diese Tränen nimm o Welt noch hin.
Deine Gifte – o sie schmeckten süße! –
   Wir sind quitt du Herzvergifterin.

Fahret wohl ihr Freuden dieser Sonne
   Gegen schwarzen Moder umgetauscht!
Fahre wohl du Rosenzeit voll Wonne,
   Die so oft das Mädchen lustberauscht;
Fahret wohl ihr goldgewebten Träume,
   Paradieseskinder Phantasie'n!
Weh! sie starben schon im Morgenkeime,
   Ewig nimmer an das Licht zu blühn.

Schön geschmückt mit rosenroten Schleifen
   Deckte mich der Unschuld Schwanenkleid,
In der blonden Locken loses Schweifen
   Waren junge Rosen eingestreut.

Wehe! – Die Geopferte der Hölle
  Schmückt noch itzt das weißliche Gewand,
Aber ach! – der Rosenschleifen Stelle
  Nahm ein schwarzes Totenband.

Weinet um mich, die ihr nie gefallen,
  Denen noch der Unschuld Lilien blühn,
Denen zu dem weichen Busenwallen
  Heldenstärke die Natur verliehn!
Wehe! – menschlich hat dies Herz empfunden!
  Und Empfindung soll mein Richtschwert sein!
Weh! vom Arm des falschen Manns umwunden
  Schlief Louisens Tugend ein.

Ach vielleicht umflattert eine andre
  Mein vergessen dieses Schlangenherz,
Überfließt, wenn ich zum Grabe wandre,
  An dem Putztisch in verliebten Scherz?
Spielt vielleicht mit seines Mädchens Locke,
  Schlingt den Kuss, den sie entgegenbringt,
Wenn verspritzt auf diesem Todesblocke
  Hoch mein Blut vom Rumpfe springt.

Joseph! Joseph! auf entfernte Meilen
  Folge dir Louisens Totenchor,
Und des Glockenturmes dumpfes Heulen
  Schlage schrecklichmahnend an dein Ohr –
Wenn von eines Mädchens weichem Munde
  Dir der Liebe sanft Gelispel quillt,
Bohr es plötzlich eine Höllenwunde
  In der Wollust Rosenbild!

Ha Verräter! Nicht Louisens Schmerzen?
  Nicht des Weibes Schande, harter Mann?
Nicht das Knäblein unter meinem Herzen?
  Nicht was Löw' und Tiger schmelzen kann?

Seine Segel fliegen stolz vom Lande!
　Meine Augen zittern dunkel nach,
Um die Mädchen an der Seine Strande
　Winselt er sein falsches Ach!

Und das Kindlein – in der Mutter Schoße
　Lag es da in süßer goldner Ruh,
In dem Reiz der jungen Morgenrose
　Lachte mir der holde Kleine zu,
Tödlichlieblich sprach aus allen Zügen
　Sein geliebtes teures Bild mich an,
Den beklommnen Mutterbusen wiegen
　Liebe und – Verzweiflungswahn.

Weib, wo ist mein Vater? lallte
　Seiner Unschuld stumme Donnersprach,
Weib, wo ist dein Gatte? hallte
　Jeder Winkel meines Herzens nach –
Weh, umsonst wirst Waise du ihn suchen,
　Der vielleicht schon andre Kinder herzt,
Wirst der Stunde unsres Glückes fluchen,
　Wenn dich einst der Name Bastard schwärzt.

Deine Mutter – o im Busen Hölle!
　Einsam sitzt sie in dem All der Welt,
Durstet ewig an der Freudenquelle,
　Die dein Anblick fürchterlich vergällt,
Ach, mit jedem Laut von dir erklingen
　Schmerzgefühle des vergangnen Glücks,
Und des Todes bittre Pfeile dringen
　Aus dem Lächeln deines Kinderblicks.

Hölle, Hölle, wo ich dich vermisse,
　Hölle, wo mein Auge dich erblickt,
Eumenidenruten deine Küsse,
　Die von seinen Lippen mich entzückt,

Seine Eide donnern aus dem Grabe wider,
  Ewig, ewig würgt sein Meineid fort,
Ewig – hier umstrickte mich die Hyder –
  Und vollendet war der Mord.

Joseph! Joseph! auf entfernte Meilen
  Jage dir der grimme Schatten nach,
Mög mit kalten Armen dich ereilen,
  Donnre dich aus Wonneträumen wach,
Im Geflimmer sanfter Sterne zucke
  Dir des Kindes grasser Sterbeblick,
Es begegne dir im blut'gen Schmucke,
  Geißle dich vom Paradies zurück.

Seht! da lag's entseelt zu meinen Füßen, –
  Kalt hinstarrend, mit verwornem Sinn
Sah ich seines Blutes Ströme fließen,
  Und mein Leben floss mit ihm dahin; –
Schrecklich pocht schon des Gerichtes Bote,
  Schrecklicher mein Herz!
Freudig eilt ich, in dem kalten Tode
  Auszulöschen meinen Flammenschmerz.

Joseph! Gott im Himmel kann verzeihen,
  Dir verzeiht die Sünderin.
Meinen Groll will ich der Erde weihen,
  Schlage Flamme durch den Holzstoß hin –
Glücklich! Glücklich! Seine Briefe lodern,
  Seine Eide frisst ein siegend Feu'r,
Seine Küsse! wie sie hochauf lodern! –
  Was auf Erden war mir einst so teu'r?

Trauet nicht den Rosen eurer Jugend,
  Trauet, Schwestern, Männerschwüren nie!
Schönheit war die Falle meiner Tugend,
  Auf der Richtstatt hier verfluch ich sie! –

Zähren? Zähren in des Würgers Blicken?
    Schnell die Binde um mein Angesicht!
Henker, kannst du keine Lilie knicken?
    Bleicher Henker, zittre nicht!

An die Freunde (1803)

Lieben Freunde! Es gab schönre Zeiten
Als die unsern – das ist nicht zu streiten!
Und ein edler Volk hat einst gelebt.
Könnte die Geschichte davon schweigen,
Tausend Steine würden redend zeugen,
Die man aus dem Schoß der Erde gräbt.
    Doch es ist dahin, es ist verschwunden
    Dieses hochbegünstigte Geschlecht.
    Wir, wir leben! Unser sind die Stunden,
    Und der Lebende hat Recht.

Freunde! Es gibt glücklichere Zonen,
Als das Land, worin wir leidlich wohnen,
Wie der weitgereiste Wandrer spricht.
Aber hat Natur uns viel entzogen,
War die Kunst uns freundlich doch gewogen,
Unser Herz erwarmt an ihrem Licht.
    Will der Lorbeer hier sich nicht gewöhnen,
    Wird die Myrte unsers Winters Raub,
    Grünet doch, die Schläfe zu bekrönen,
    Uns der Rebe muntres Laub.

Wohl von größerm Leben mag es rauschen,
Wo vier Welten ihre Schätze tauschen,
An der Themse, auf dem Markt der Welt.

Tausend Schiffe landen an, und gehen,
Da ist jedes Köstliche zu sehen,
Und es herrscht der Erde Gott, das Geld.
   Aber nicht im trüben Schlamm der Bäche,
   Der von wilden Regengüssen schwillt,
   Auf des stillen Baches ebner Fläche
   Spiegelt sich das Sonnenbild.

Prächtiger als w i r in unserm Norden
Wohnt der Bettler an der Engelspforten,
Denn er sieht das ewig einzge Rom!
Ihn umgibt der Schönheit Glanzgewimmel,
Und ein zweiter Himmel in den Himmel
Steigt Sankt Peters wunderbarer Dom.
   Aber Rom in allem seinem Glanze
   Ist ein Grab nur der Vergangenheit,
   Leben duftet nur die frische Pflanze,
   Die die grüne Stunde streut.

Größres mag sich anderswo begeben,
Als bei uns, in unserm kleinen Leben,
Neues – hat die Sonne nie gesehn.
Sehn wir doch das Große a l l e r Zeiten
Auf den Brettern, die die Welt bedeuten,
Sinnvoll, still an uns vorübergehn.
   Alles wiederholt sich nur im Leben,
   Ewig jung ist nur die Phantasie,
   Was sich nie und nirgends hat begeben,
   Das allein veraltet nie!

Das Lied von der Glocke

Vivos voco. Mortuos plango. Fulgura frango.

Fest gemauert in der Erden,
Steht die Form, aus Lehm gebrannt.
Heute muss die Glocke werden,
Frisch, Gesellen! seid zur Hand.
   Von der Stirne heiß
   Rinnen muss der Schweiß,
Soll das Werk den Meister loben,
Doch der Segen kommt von oben.

Zum Werke, das wir ernst bereiten,
Geziemt sich wohl ein ernstes Wort;
Wenn gute Reden sie begleiten,
Dann fließt die Arbeit munter fort.
So lasst uns jetzt mit Fleiß betrachten,
Was durch die schwache Kraft entspringt,
Den schlechten Mann muss man verachten,
Der nie bedacht, was er vollbringt.
Das ist's ja, was den Menschen zieret,
Und dazu ward ihm der Verstand,
Dass er im innern Herzen spüret,
Was er erschafft mit seiner Hand.

Nehmet Holz vom Fichtenstamme,
Doch recht trocken lasst es sein,
Dass die eingepresste Flamme
Schlage zu dem Schwalch hinein.
   Kocht des Kupfers Brei,
   Schnell das Zinn herbei,
Dass die zähe Glockenspeise
Fließe nach der rechten Weise.

Was in des Dammes tiefer Grube
Die Hand mit Feuers Hülfe baut,
Hoch auf des Turmes Glockenstube
Da wird es von uns zeugen laut.
Noch dauern wird's in späten Tagen
Und rühren vieler Menschen Ohr,
Und wird mit dem Betrübten klagen,
Und stimmen zu der Andacht Chor.
Was unten tief dem Erdensohne
Das wechselnde Verhängnis bringt,
Das schlägt an die metallne Krone,
Die es erbaulich weiter klingt.

    Weiße Blasen seh ich springen,
    Wohl! die Massen sind im Fluss.
    Lasst's mit Aschensalz durchdringen,
    Das befördert schnell den Guss.
      Auch von Schaume rein
      Muss die Mischung sein,
    Dass vom reinlichen Metalle
    Rein und voll die Stimme schalle.

Denn mit der Freude Feierklange
Begrüßt sie das geliebte Kind
Auf seines Lebens erstem Gange,
Den es in Schlafes Arm beginnt;
Ihm ruhen noch im Zeitenschoße
Die schwarzen und die heitern Lose,
Der Mutterliebe zarte Sorgen
Bewachen seinen goldnen Morgen –
Die Jahre fliehen pfeilgeschwind.
Vom Mädchen reißt sich stolz der Knabe,
Er stürmt ins Leben wild hinaus
Durchmisst die Welt am Wanderstabe,
Fremd kehrt er heim ins Vaterhaus,

Und herrlich, in der Jugend Prangen,
Wie ein Gebild aus Himmels Höhn,
Mit züchtigen, verschämten Wangen
Sieht er die Jungfrau vor sich stehn.
Da fasst ein namenloses Sehnen
Des Jünglings Herz, er irrt allein,
Aus seinen Augen brechen Tränen,
Er flieht der Brüder wilden Reihn.
Errötend folgt er ihren Spuren,
Und ist von ihrem Gruß beglückt,
Das Schönste sucht er auf den Fluren,
Womit er seine Liebe schmückt.
O! zarte Sehnsucht, süßes Hoffen,
Der ersten Liebe goldne Zeit,
Das Auge sieht den Himmel offen,
Es schwelgt das Herz in Seligkeit,
O! daß sie ewig grünen bliebe,
Die schöne Zeit der jungen Liebe!

    Wie sich schon die Pfeifen bräunen!
    Dieses Stäbchen tauch ich ein,
    Sehn wir's überglast erscheinen
    Wird's zum Gusse zeitig sein.
      Jetzt, Gesellen, frisch!
      Prüft mir das Gemisch,
    Ob das Spröde mit dem Weichen
    Sich vereint zum guten Zeichen.

Denn wo das Strenge mit dem Zarten,
Wo Starkes sich und Mildes paarten,
Da gibt es einen guten Klang.
Drum prüfe, wer sich ewig bindet,
Ob sich das Herz zum Herzen findet!
Der Wahn ist kurz, die Reu ist lang.

Lieblich in der Bräute Locken
Spielt der jungfräuliche Kranz,

Wenn die hellen Kirchenglocken
Laden zu des Festes Glanz.
Ach! des Lebens schönste Feier
Endigt auch den Lebens-Mai,
Mit dem Gürtel, mit dem Schleier
Reißt der schöne Wahn entzwei.
Die Leidenschaft flieht!
Die Liebe muss bleiben,
Die Blume verblüht,
Die Frucht muss treiben.
Der Mann muss hinaus
Ins feindliche Leben,
Muss wirken und streben
Und pflanzen und schaffen,
Erlisten, erraffen,
Muss wetten und wagen
Das Glück zu erjagen.
Da strömet herbei die unendliche Gabe,
Es füllt sich der Speicher mit köstlicher Habe,
Die Räume wachsen, es dehnt sich das Haus.

Und drinnen waltet
Die züchtige Hausfrau,
Die Mutter der Kinder,
Und herrschet weise
Im häuslichen Kreise,
Und lehret die Mädchen, und wehret den
                        Knaben,
Und reget ohn Ende
Die fleißigen Hände,
Und mehrt den Gewinn
Mit ordnendem Sinn.
Und füllet mit Schätzen die duftenden Laden,
Und dreht um die schnurrende Spindel den
                        Faden,
Und sammelt im reinlich geglätteten Schrein
Die schimmernde Wolle, den schneeigten Lein,

Und füget zum Guten den Glanz und den
                                    Schimmer,
Und ruhet nimmer.

Und der Vater mit frohem Blick
Von des Hauses weitschauendem Giebel
Überzählet sein blühend Glück,
Siehet der Pfosten ragende Bäume,
Und der Scheunen gefüllte Räume
Und die Speicher, vom Segen gebogen,
Und des Kornes bewegte Wogen,
Rühmt sich mit stolzem Mund:
Fest, wie der Erde Grund,
Gegen des Unglücks Macht
Steht mir des Hauses Pracht!
Doch mit des Geschickes Mächten
Ist kein ew'ger Bund zu flechten,
Und das Unglück schreitet schnell.

Wohl! Nun kann der Guss beginnen,
Schön gezacket ist der Bruch.
Doch, bevor wir's lassen rinnen,
Betet einen frommen Spruch!
    Stoßt den Zapfen aus!
    Gott bewahr' das Haus.
Rauchend in des Henkels Bogen
Schießt's mit feuerbraunen Wogen.

Wohltätig ist des Feuers Macht,
Wenn sie der Mensch bezähmt, bewacht,
Und was er bildet was er schafft,
Das dankt er dieser Himmelskraft;
Doch furchtbar wird die Himmelskraft,
Wenn sie der Fessel sich entrafft,
Einhertritt auf der eignen Spur
Die freie Tochter der Natur.

Wehe, wenn sie losgelassen
Wachsend ohne Widerstand
Durch die volkbelebten Gassen
Wälzt den ungeheuren Brand!
Denn die Elemente hassen
Das Gebild' der Menschenhand.

Aus der Wolke
Quillt der Segen,
Strömt der Regen,
Aus der Wolke, ohne Wahl,
Zuckt der Strahl!
Hört ihr's wimmern hoch vom Turm!
Das ist Sturm!
Rot wie Blut
Ist der Himmel,
Das ist nicht des Tages Glut
Welch Getümmel
Straßen auf!
Dampf wallt auf!
Flackernd steigt die Feuersäule,
Durch der Straße lange Zeile
Wächst es fort mit Windeseile,
Kochend wie aus Ofens Rachen
Glühn die Lüfte, Balken krachen,
Pfosten stürzen, Fenster klirren,
Kinder jammern, Mütter irren,
Tiere wimmern,
Unter Trümmern,
Alles rennet, rettet, flüchtet,
Taghell ist die Nacht gelichtet,
Durch der Hände lange Kette
Um die Wette
Fliegt der Eimer, hoch im Bogen
Sprützen Quellen, Wasserwogen.
Heulend kommt der Sturm geflogen,

Der die Flamme brausend sucht.
Prasselnd in die dürre Frucht
Fällt sie, in des Speichers Räume,
In der Sparren dürre Bäume,
Und als wollte sie im Wehen
Mit sich fort der Erde Wucht
Reißen, in gewalt'ger Flucht,
Wächst sie in des Himmels Höhen
Riesengroß!
Hoffnungslos
Weicht der Mensch der Götterstärke,
Müßig sieht er seine Werke
Und bewundernd untergehen.

Leergebrannt
Ist die Stätte,
Wilder Stürme rauhes Bette,
In den öden Fensterhöhlen
Wohnt das Grauen,
Und des Himmels Wolken schauen
Hoch hinein.

Einen Blick
Nach dem Grabe
Seiner Habe
Sendet noch der Mensch zurück –
Greift fröhlich dann zum Wanderstabe,
Was Feuers Wut ihm auch geraubt,
Ein süßer Trost ist ihm geblieben,
Er zählt die Häupter seiner Lieben
Und sieh! ihm fehlt kein teures Haupt.

> In die Erd' ist's aufgenommen,
> Glücklich ist die Form gefüllt,
> Wird's auch schön zu Tage kommen,
> Dass es Fleiß und Kunst vergilt?

Wenn der Guss misslang?
Wenn die Form zersprang?
Ach! vielleicht, indem wir hoffen,
Hat uns Unheil schon getroffen.

Dem dunkeln Schoß der heil'gen Erde
Vertrauen wir der Hände Tat,
Vertraut der Sämann seine Saat
Und hofft, dass sie entkeimen werde
Zum Segen, nach des Himmels Rat.
Noch köstlicheren Samen bergen
Wir traurend in der Erde Schoß,
Und hoffen, dass er aus den Särgen
Erblühen soll zu schönerm Los.

Von dem Dome,
Schwer und bang,
Tönt die Glocke
Grabgesang.
Ernst begleiten ihre Trauerschläge
Einen Wandrer auf dem letzten Wege.

Ach! die Gattin ist's, die teure,
Ach! es ist die treue Mutter,
Die der schwarze Fürst der Schatten
Wegführt aus dem Arm des Gatten,
Aus der zarten Kinder Schar,
Die sie blühend ihm gebar,
Die sie an der treuen Brust
Wachsen sah mit Mutterlust –
Ach! des Hauses zarte Bande
Sind gelöst auf immerdar,
Denn sie wohnt im Schattenlande,
Die des Hauses Mutter war,
Denn es fehlt ihr treues Walten,
Ihre Sorge wacht nicht mehr,

An verwaister Stätte schalten
Wird die Fremde, liebeleer.

    Bis die Glocke sich verkühlet
    Lasst die strenge Arbeit ruhn,
    Wie im Laub der Vogel spielet
    Mag sich jeder gütlich tun.
        Winkt der Sterne Licht,
        Ledig aller Pflicht,
    Hört der Pursch die Vesper schlagen,
    Meister muss sich immer plagen.

Munter fördert seine Schritte
Fern im wilden Forst der Wandrer
Nach der lieben Heimathütte.
Blökend ziehen heim die Schafe,
Und der Rinder
Breitgestirnte, glatte Scharen
Kommen brüllend,
Die gewohnten Ställe füllend.
Schwer herein
Schwankt der Wagen,
Kornbeladen,
Bunt von Farben
Auf den Garben
Liegt der Kranz,
Und das junge Volk der Schnitter
Fliegt zum Tanz.
Markt und Straßen werden stiller
Um des Lichts gesell'ge Flamme
Sammeln sich die Hausbewohner,
Und das Stadttor schließt sich knarrend.

Schwarz bedecket
Sich die Erde,
Doch den sichern Bürger schrecket

Nicht die Nacht,
Die den Bösen grässlich wecket,
Denn das Auge des Gesetzes wacht.

Heil'ge Ordnung, segenreiche
Himmelstochter, die das Gleiche
Frei und leicht und freudig bindet,
Die der Städte Bau gegründet,
Die herein von den Gefilden
Rief den ungesell'gen Wilden,
Eintrat in der Menschen Hütten,
Sie gewöhnt zu sanften Sitten,
Und das teuerste der Bande
Wob, den Trieb zum Vaterlande!

Tausend fleiß'ge Hände regen,
Helfen sich in munterm Bund
Und in feurigem Bewegen
Werden alle Kräfte kund.
Meister rührt sich und Geselle
In der Freiheit heil'gem Schutz.
Jeder freut sich seiner Stelle,
Bietet dem Verächter Trutz.
Arbeit ist des Bürgers Zierde,
Segen ist der Mühe Preis,
Ehrt den König seine Würde,
Ehret uns der Hände Fleiß.

Holder Friede,
Süße Eintracht,
Weilet, weilet
Freundlich über dieser Stadt!
Möge nie der Tag erscheinen,
Wo des rauhen Krieges Horden
Dieses stille Tal durchtoben,
Wo der Himmel,
Den des Abends sanfte Röte

Lieblich malt,
Von der Dörfer, von der Städte
Wildem Brande schrecklich strahlt!

Nun zerbrecht mir das Gebäude,
Seine Absicht hat's erfüllt,
Dass sich Herz und Auge weide
An dem wohlgelungnen Bild.
Schwingt den Hammer, schwingt,
Bis der Mantel springt,
Wenn die Glock' soll auferstehen,
Muss die Form in Stücken gehen.

Der Meister kann die Form zerbrechen
Mit weiser Hand, zur rechten Zeit,
Doch wehe, wenn in Flammenbächen
Das glühnde Erz sich selbst befreit!
Blindwütend mit des Donners Krachen
Zersprengt es das geborstne Haus,
Und wie aus offnem Höllenrachen
Speit es Verderben zündend aus;
Wo rohe Kräfte sinnlos walten,
Da kann sich kein Gebild gestalten,
Wenn sich die Völker selbst befrein,
Da kann die Wohlfahrt nicht gedeihn.

Weh, wenn sich in dem Schoß der Städte
Der Feuerzunder still gehäuft,
Das Volk, zerreißend seine Kette,
Zur Eigenhilfe schrecklich greift!
Da zerret an der Glocke Strängen
Der Aufruhr, dass sie heulend schallt,
Und nur geweiht zu Friedensklängen
Die Losung anstimmt zur Gewalt.

Freiheit und Gleichheit! hört man schallen,
Der ruh'ge Bürger greift zur Wehr,

Die Straßen füllen sich, die Hallen,
Und Würgerbanden ziehn umher,
Da werden Weiber zu Hyänen
Und treiben mit Entsetzen Scherz,
Noch zuckend, mit des Panthers Zähnen,
Zerreißen sie des Feindes Herz.
Nichts Heiliges ist mehr, es lösen
Sich alle Bande frommer Scheu,
Der Gute räumt den Platz dem Bösen,
Und alle Laster walten frei.

Gefährlich ist's den Leu zu wecken,
Verderblich ist des Tigers Zahn,
Jedoch der schrecklichste der Schrecken
Das ist der Mensch in seinem Wahn.
Weh' denen, die dem Ewigblinden
Des Lichtes Himmelsfackel leihn!
Sie strahlt ihm nicht, sie kann nur zünden
Und äschert Städt' und Länder ein.

Freude hat mir Gott gegeben!
Sehet! wie ein goldner Stern
Aus der Hülse, blank und eben,
Schält sich der metallne Kern.
Von dem Helm zum Kranz
Spielt's wie Sonnenglanz,
Auch des Wappens nette Schilder
Loben den erfahrnen Bilder.

Herein! herein!
Gesellen alle, schließt den Reihen,
Dass wir die Glocke taufend weihen,
Concordia soll ihr Name sein,
Zur Eintracht, zu herzinnigem Vereine
Versammle sie die liebende Gemeine.

Und dies sei fortan ihr Beruf,
Wozu der Meister sie erschuf!
Hoch überm niedern Erdenleben
Soll sie in blauem Himmelszelt
Die Nachbarin des Donners schweben
Und grenzen an die Sternenwelt,
Soll eine Stimme sein von oben,
Wie der Gestirne helle Schar,
Die ihren Schöpfer wandelnd loben
Und führen das bekränzte Jahr.
Nur ewigen und ernsten Dingen
Sei ihr metallner Mund geweiht,
Und stündlich mit den schnellen Schwingen
Berühr' im Fluge sie die Zeit,
Dem Schicksal leihe sie die Zunge,
Selbst herzlos, ohne Mitgefühl,
Begleite sie mit ihrem Schwunge
Des Lebens wechselvolles Spiel.
Und wie der Klang im Ohr vergehet,
Der mächtig tönend ihr entschallt,
So lehre sie, dass nichts bestehet,
Dass alles Irdische verhallt.

    Jetzo mit der Kraft des Stranges
    Wiegt die Glock' mir aus der Gruft,
    Dass sie in das Reich des Klanges
    Steige, in die Himmelsluft.
      Ziehet, ziehet, hebt!
      Sie bewegt sich, schwebt,
    Freude dieser Stadt bedeute,
    Friede sei ihr erst Geläute.

Der Ring des Polykrates

Er stand auf seines Daches Zinnen,
Er schaute mit vergnügten Sinnen
Auf das beherrschte Samos hin.
»Dies alles ist mir untertänig«,
Begann er zu Egyptens König,
»Gestehe, dass ich glücklich bin.«

»Du hast der Götter Gunst erfahren!
Die vormals deinesgleichen waren,
Sie zwingt jetzt deines Szepters Macht.
Doch einer lebt noch, sie zu rächen,
Dich kann mein Mund nicht glücklich sprechen,
Solang des Feindes Auge wacht.«

Und eh der König noch geendet,
Da stellt sich, von Milet gesendet,
Ein Bote dem Tyrannen dar:
»Lass Herr! des Opfers Düfte steigen,
Und mit des Lorbeers muntern Zweigen
Bekränze dir dein festlich Haar.

Getroffen sank dein Feind vom Speere,
Mich sendet mit der frohen Märe,
Dein treuer Feldherr Polydor –«
Und nimmt aus einem schwarzen Becken
Noch blutig, zu der beiden Schrecken,
Ein wohlbekanntes Haupt hervor.

Der König tritt zurück mit Grauen:
»Doch warn ich dich, dem Glück zu trauen«,
Versetzt er mit besorgtem Blick.
»Bedenk, auf ungetreuen Wellen,
Wie leicht kann sie der Sturm zerschellen,
Schwimmt deiner Flotte zweifelnd Glück.«

Und eh er noch das Wort gesprochen,
Hat ihn der Jubel unterbrochen,
Der von der Reede jauchzend schallt.
Mit fremden Schätzen reich beladen
Kehrt zu den heimischen Gestaden
Der Schiffe mastenreicher Wald.

Der königliche Gast erstaunet:
»Dein Glück ist heute gut gelaunet,
Doch fürchte seinen Unbestand.
Der Kreter waffenkund'ge Scharen
Bedräuen dich mit Kriegsgefahren,
Schon nahe sind sie diesem Strand.«

Und eh ihm noch das Wort entfallen,
Da sieht man's von den Schiffen wallen,
Und tausend Stimmen rufen: Sieg!
Von Feindesnot sind wir befreiet,
Die Kreter hat der Sturm zerstreuet,
Vorbei, geendet ist der Krieg.

Das hört der Gastfreund mit Entsetzen:
»Fürwahr, ich muss dich glücklich schätzen,
Doch, spricht er, zittr' ich für dein Heil.
Mir grauet vor der Götter Neide,
Des Lebens ungemischte Freude
Ward keinem Irdischen zuteil.

Auch mir ist alles wohl geraten,
Bei allen meinen Herrschertaten
Begleitet mich des Himmels Huld,
Doch hatt ich einen teuren Erben,
Den nahm mir Gott, ich sah ihn sterben,
Dem Glück bezahlt ich meine Schuld.

Drum, willst du dich vor Leid bewahren,
So flehe zu den Unsichtbaren,

Dass sie zum Glück den Schmerz verleihn.
Noch keinen sah ich fröhlich enden,
Auf den mit immer vollen Händen
Die Götter ihre Gaben streun.

Und wenn's die Götter nicht gewähren,
So acht auf eines Freundes Lehren
Und rufe selbst das Unglück her,
Und was von allen deinen Schätzen
Dein Herz am höchsten mag ergötzen,
Das nimm und wirf's in dieses Meer.«

Und jener spricht, von Furcht beweget:
»Von allem was die Insel heget,
Ist dieser Ring mein höchstes Gut.
Ihn will ich den Erinnen weihen,
Ob sie mein Glück mir dann verzeihen.«
Und wirft das Kleinod in die Flut.

Und bei des nächsten Morgens Lichte
Da tritt mit fröhlichem Gesichte
Ein Fischer vor den Fürsten hin:
»Herr, diesen Fisch hab ich gefangen,
Wie keiner noch ins Netz gegangen,
Dir zum Geschenke bring ich ihn.«

Und als der Koch den Fisch zerteilet,
Kommt er bestürzt herbeigeeilet,
Und ruft mit hoch erstauntem Blick:
»Sieh Herr, den Ring, den du getragen,
Ihn fand ich in des Fisches Magen,
O ohne Grenzen ist dein Glück!«

Hier wendet sich der Gast mit Grausen:
»So kann ich hier nicht ferner hausen,

Mein Freund kannst du nicht weiter sein.
Die Götter wollen dein Verderben,
Fort eil ich, nicht mit dir zu sterben.«
Und sprach's und schiffte schnell sich ein.

Die Kraniche des Ibykus

Zum Kampf der Wagen und Gesänge,
Der auf Korinthus' Landesenge
Der Griechen Stämme froh vereint,
Zog Ibykus, der Götterfreund.
Ihm schenkte des Gesanges Gabe,
Der Lieder süßen Mund Apoll,
So wandert' er, an leichtem Stabe,
Aus Rhegium, des Gottes voll.

Schon winkt auf hohem Bergesrücken
Akrokorinth des Wandrers Blicken,
Und in Poseidons Fichtenhain
Tritt er mit frommem Schauder ein.
Nichts regt sich um ihn her, nur Schwärme
Von Kranichen begleiten ihn,
Die fernhin nach des Südens Wärme
In graulichtem Geschwader ziehn.

»Seid mir gegrüßt, befreundte Scharen!
Die mir zur See Begleiter waren,
Zum guten Zeichen nehm ich euch,
Mein Los, es ist dem euren gleich.
Von fernher kommen wir gezogen,
Und flehen um ein wirtlich Dach.
Sei uns der Gastliche gewogen,
Der von dem Fremdling wehrt die Schmach!«

Und munter fördert er die Schritte,
Und sieht sich in des Waldes Mitte,
Da sperren, auf gedrangem Steg,
Zwei Mörder plötzlich seinen Weg.
Zum Kampfe muß er sich bereiten,
Doch bald ermattet sinkt die Hand,
Sie hat der Leier zarte Saiten,
Doch nie des Bogens Kraft gespannt.

Er ruft die Menschen an, die Götter,
Sein Flehen dringt zu keinem Retter,
Wie weit er auch die Stimme schickt,
Nichts Lebendes wird hier erblickt.
»So muss ich hier verlassen sterben,
Auf fremdem Boden, unbeweint,
Durch böser Buben Hand verderben,
Wo auch kein Rächer mir erscheint!«

Und schwer getroffen sinkt er nieder,
Da rauscht der Kraniche Gefieder,
Er hört, schon kann er nicht mehr sehn,
Die nahen Stimmen furchtbar krähn.
»Von euch ihr Kraniche dort oben!
Wenn keine andre Stimme spricht,
Sei meines Mordes Klag erhoben!«
Er ruft es, und sein Auge bricht.

Der nackte Leichnam wird gefunden,
Und bald, obgleich entstellt von Wunden,
Erkennt der Gastfreund in Korinth,
Die Züge, die ihm teuer sind.
»Und muss ich so dich wiederfinden,
Und hoffte mit der Fichte Kranz
Des Sängers Schläfe zu umwinden,
Bestrahlt von seines Ruhmes Glanz!«

Und jammernd hören's alle Gäste,
Versammelt bei Poseidons Feste,
Ganz Griechenland ergreift der Schmerz,
Verloren hat ihn jedes Herz,
Und stürmend drängt sich zum Prytanen
Das Volk, es fodert seine Wut,
Zu rächen des Erschlagnen Manen,
Zu sühnen mit des Mörders Blut.

Doch wo die Spur, die aus der Menge,
Der Völker flutendem Gedränge,
Gelocket von der Spiele Pracht,
Den schwarzen Täter kenntlich macht?
Sind's Räuber, die ihn feig erschlagen?
Tat's neidisch ein verborgner Feind?
Nur Helios vermag's zu sagen,
Der alles Irdische bescheint.

Er geht vielleicht mit frechem Schritte
Jetzt eben durch der Griechen Mitte,
Und während ihn die Rache sucht,
Genießt er seines Frevels Frucht.
Auf ihres eignen Tempels Schwelle
Trotzt er vielleicht den Göttern, mengt
Sich dreist in jene Menschenwelle,
Die dort sich zum Theater drängt.

Denn Bank an Bank gedränget sitzen,
Es brechen fast der Bühne Stützen,
Herbeigeströmt von fern und nah,
Der Griechen Völker wartend da,
Dumpfbrausend wie des Meeres Wogen,
Von Menschen wimmelnd, wächst der Bau,
In weiter stets geschweiftem Bogen
Hinauf bis in des Himmels Blau.

Wer zählt die Völker, nennt die Namen,
Die gastlich hier zusammenkamen?
Von Kekrops' Stadt, von Aulis Strand,
Von Phokis, vom Spartanerland,
Von Asiens entlegner Küste,
Von allen Inseln kamen sie,
Und horchen von dem Schaugerüste
Des Chores grauser Melodie,

Der streng und ernst, nach alter Sitte,
Mit langsam abgemessnem Schritte,
Hervortritt aus dem Hintergrund,
Umwandelnd des Theaters Rund.
So schreiten keine ird'schen Weiber,
Die zeugete kein sterblich Haus!
Es steigt das Riesenmaß der Leiber
Hoch über menschliches hinaus.

Ein schwarzer Mantel schlägt die Lenden,
Sie schwingen in entfleischten Händen
Der Fackel düsterrote Glut,
In ihren Wangen fließt kein Blut.
Und wo die Haare lieblich flattern,
Um Menschenstirnen freundlich wehn,
Da sieht man Schlangen hier und Nattern
Die giftgeschwollnen Bäuche blähn.

Und schauerlich gedreht im Kreise,
Beginnen sie des Hymnus Weise,
Der durch das Herz zerreißend dringt,
Die Bande um den Frevler schlingt.
Besinnungraubend, herzbetörend
Schallt der Erinnyen Gesang,
Er schallt, des Hörers Mark verzehrend,
Und duldet nicht der Leier Klang:

»Wohl dem, der frei von Schuld und Fehle
Bewahrt die kindlich reine Seele!
Ihm dürfen wir nicht rächend nahn,
Er wandelt frei des Lebens Bahn.
Doch wehe wehe, wer verstohlen
Des Mordes schwere Tat vollbracht,
Wir heften uns an seine Sohlen,
Das furchtbare Geschlecht der Nacht!

Und glaubt er fliehend zu entspringen,
Geflügelt sind wir da, die Schlingen
Ihm werfend um den flücht'gen Fuß,
Dass er zu Boden fallen muss.
So jagen wir ihn, ohn Ermatten,
Versöhnen kann uns keine Reu,
Ihn fort und fort bis zu den Schatten,
Und geben ihn auch dort nicht frei.«

So singend tanzen sie den Reigen,
Und Stille wie des Todes Schweigen
Liegt überm ganzen Hause schwer,
Als ob die Gottheit nahe wär.
Und feierlich, nach alter Sitte
Umwandelnd des Theaters Rund,
Mit langsam abgemessnem Schritte,
Verschwinden sie im Hintergrund.

Und zwischen Trug und Wahrheit schwebet
Noch zweifelnd jede Brust und bebet,
Und huldiget der furchtbarn Macht,
Die richtend im Verborgnen wacht,
Die unerforschlich, unergründet,
Des Schicksals dunkeln Knäuel flicht,
Dem tiefen Herzen sich verkündet,
Doch fliehet vor dem Sonnenlicht.

Da hört man auf den höchsten Stufen
Auf einmal eine Stimme rufen:
»Sieh da! Sieh da, Timotheus,
Die Kraniche des Ibykus!« –
Und finster plötzlich wird der Himmel,
Und über dem Theater hin,
Sieht man, in schwärzlichem Gewimmel
Ein Kranichheer vorüberziehn.

»Des Ibykus!« – Der teure Name
Rührt jede Brust mit neuem Grame,
Und, wie im Meere Well auf Well,
So läuft's von Mund zu Munde schnell:
»Des Ibykus, den wir beweinen,
Den eine Mörderhand erschlug!
Was ist's mit dem? Was kann er meinen?
Was ist's mit diesem Kranichzug?« –

Und lauter immer wird die Frage,
Und ahnend fliegt's, mit Blitzesschlage,
Durch alle Herzen. »Gebet acht!
Das ist der Eumeniden Macht!
Der fromme Dichter wird gerochen,
Der Mörder bietet selbst sich dar!
Ergreift ihn, der das Wort gesprochen,
Und ihn, an den's gerichtet war.«

Doch dem war kaum das Wort entfahren,
Möcht er's im Busen gern bewahren;
Umsonst, der schreckenbleiche Mund
Macht schnell die Schuldbewussten kund.
Man reißt und schleppt sie vor den Richter,
Die Szene wird zum Tribunal,
Und es gestehn die Bösewichter,
Getroffen von der Rache Strahl.

Damon und Pythias

Zu Dionys dem Tyrannen schlich
Damon, den Dolch im Gewande,
Ihn schlugen die Häscher in Bande.
»Was wolltest du mit dem Dolche, sprich!«
Entgegnet ihm finster der Wüterich.
»Die Stadt vom Tyrannen befreien!«
»Das sollst du am Kreuze bereuen.«

»Ich bin«, spricht jener, »zu sterben bereit,
Und bitte nicht um mein Leben,
Doch willst du Gnade mir geben,
Ich flehe dich um drei Tage Zeit,
Bis ich die Schwester dem Gatten gefreit,
Ich lasse den Freund dir als Bürgen,
Ihn magst du, entrinn ich, erwürgen.«

Da lächelt der König mit arger List,
Und spricht nach kurzem Bedenken:
»Drei Tage will ich dir schenken.
Doch wisse! Wenn sie verstrichen die Frist,
Eh du zurück mir gegeben bist,
So muss er statt deiner erblassen,
Doch dir ist die Strafe erlassen.«

Und er kommt zum Freunde: »Der König gebeut,
Dass ich am Kreuz mit dem Leben
Bezahle das frevelnde Streben;
Doch will er mir gönnen drei Tage Zeit,
Bis ich die Schwester dem Gatten gefreit,
So bleib du dem König zum Pfande,
Bis ich komme, zu lösen die Bande.«

Und schweigend umarmt ihn der treue Freund,
Und liefert sich aus dem Tyrannen,

Der andere ziehet von dannen.
Und ehe das dritte Morgenrot scheint,
Hat er schnell mit dem Gatten die Schwester
                      vereint,
Eilt heim mit sorgender Seele,
Damit er die Frist nicht verfehle.

Da gießt unendlicher Regen herab,
Von den Bergen stürzen die Quellen,
Und die Bäche, die Ströme schwellen.
Und er kommt ans Ufer mit wanderndem Stab,
Da reißet die Brücke der Strudel hinab,
Und donnernd sprengen die Wogen
Des Gewölbes krachenden Bogen.

Und trostlos irrt er an Ufers Rand,
Wie weit er auch spähet und blicket,
Und die Stimme, die rufende, schicket,
Da stößet kein Nachen vom sichern Strand,
Der ihn setze an das gewünschte Land,
Kein Schiffer lenket die Fähre,
Und der wilde Strom wird zum Meere.

Da sinkt er ans Ufer und weint und fleht,
Die Hände zum Zeus erhoben:
»O hemme des Stromes Toben!
Es eilen die Stunden, im Mittag steht
Die Sonne und wenn sie niedergeht,
Und ich kann die Stadt nicht erreichen,
So muss der Freund mir erbleichen.«

Doch wachsend erneut sich des Stromes Wut,
Und Welle auf Welle zerrinnet,
Und Stunde an Stunde entrinnet,
Da treibt ihn die Angst, da fasst er sich Mut
Und wirft sich hinein in die brausende Flut,

Und teilt mit gewaltigen Armen
Den Strom, und ein Gott hat Erbarmen.

Und gewinnt das Ufer und eilet fort,
Und danket dem rettenden Gotte,
Da stürzt die raubende Rotte
Hervor aus des Waldes nächtlichem Ort,
Den Pfad ihm sperrend, und schnaubet Mord
Und hemmet des Wanderers Eile
Mit drohend geschwungener Keule.

»Was wollt ihr?«, ruft er für Schrecken bleich,
»Ich habe nichts als mein Leben,
Das muss ich dem Könige geben!«
Und entreißt die Keule dem Nächsten gleich:
»Um des Freundes Willen erbarmet euch!«
Und drei, mit gewaltigen Streichen,
Erlegt er, die andern entweichen.

Und die Sonne versendet glühenden Brand,
Und von der unendlichen Mühe
Ermattet sinken die Kniee:
»O hast du mich gnädig aus Räubershand,
Aus dem Strom mich gerettet ans heilige Land,
Und soll hier verschmachtend verderben,
Und der Freund mir, der liebende, sterben!«

Und horch! da sprudelt es silberhell
Ganz nahe, wie rieselndes Rauschen,
Und stille hält er zu lauschen,
Und sieh, aus dem Felsen, geschwätzig, schnell,
Springt murmelnd hervor ein lebendiger Quell,
Und freudig bückt er sich nieder,
Und erfrischet die brennenden Glieder.

Und die Sonne blickt durch der Zweige Grün,
Und malt auf den glänzenden Matten
Der Bäume gigantische Schatten;
Und zwei Wanderer sieht er die Straße ziehn,
Will eilenden Laufes vorüberfliehn,
Da hört er die Worte sie sagen:
»Jetzt wird er ans Kreuz geschlagen.«

Und die Angst beflügelt den eilenden Fuß,
Ihn jagen der Sorge Qualen,
Da schimmern in Abendrots Strahlen
Von ferne die Zinnen von Syrakus,
Und entgegen kommt ihm Philostratus,
Des Hauses redlicher Hüter,
Der erkennet entsetzt den Gebieter:

»Zurück! du rettest den Freund nicht mehr,
So rette das eigene Leben!
Den Tod erleidet er eben.
Von Stunde zu Stunde gewartet’ er
Mit hoffender Seele der Wiederkehr,
Ihm konnte den mutigen Glauben
Der Hohn des Tyrannen nicht rauben.«

»Und ist es zu spät, und kann ich ihm nicht
Ein Retter willkommen erscheinen,
So soll mich der Tod ihm vereinen.
Des rühme der blut’ge Tyrann sich nicht,
Dass der Freund dem Freunde gebrochen die
                        Pflicht,
Er schlachte der Opfer zweie,
Und glaube an Liebe und Treue.«

Und die Sonne geht unter, da steht er am Tor,
Und sieht das Kreuz schon erhöhet,
Das die Menge gaffend umstehet,

An dem Seile schon zieht man den Freund empor,
Da zertrennt er gewaltig den dichten Chor:
»Mich Henker!«, ruft er, »erwürget,
Da bin ich, für den er gebürget!«

Und Erstaunen ergreifet das Volk umher,
In den Armen liegen sich beide,
Und weinen für Schmerzen und Freude.
Da sieht man kein Auge tränenleer,
Und zum Könige bringt man die Wundermär,
Der fühlt ein menschliches Rühren,
Lässt schnell vor den Thron sie führen.

Und blicket sie lange verwundert an,
Drauf spricht er: »Es ist euch gelungen,
Ihr habt das Herz mir bezwungen,
Und die Treue, sie ist doch kein leerer Wahn,
So nehmet auch mich zum Genossen an,
Ich sei, gewährt mir die Bitte,
In eurem Bunde der Dritte.«

Kassandra

Freude war in Trojas Hallen,
Eh die hohe Veste fiel,
Jubelhymnen hört man schallen
In der Saiten goldnes Spiel.
Alle Hände ruhen müde
Von dem tränenvollen Streit,
Weil der herrliche Pelide
Priams schöne Tochter freit.

Und geschmückt mit Lorbeerreisern,
Festlich wallet Schar auf Schar
Nach der Götter heil'gen Häusern,
Zu des Thymbriers Altar.
Dumpferbrausend durch die Gassen
Wälzt sich die bacchant'sche Lust,
Und in ihrem Schmerz verlassen
War nur Eine traur'ge Brust.

Freudlos in der Freude Fülle,
Ungesellig und allein,
Wandelte Kassandra stille
In Apollos Lorbeerhain.
In des Waldes tiefste Gründe
Flüchtete die Seherin,
Und sie warf die Priesterbinde
Zu der Erde zürnend hin:

»Alles ist der Freude offen,
Alle Herzen sind beglückt,
Und die alten Ältern hoffen,
Und die Schwester steht geschmückt.
Ich allein muss einsam trauern,
Denn mich flieht der süße Wahn,
Und geflügelt diesen Mauern
Seh ich das Verderben nahn.

Eine Fackel seh ich glühen,
Aber nicht in Hymens Hand,
Nach den Wolken seh ich's ziehen,
Aber nicht wie Opferbrand.
Feste seh ich froh bereiten,
Doch im ahnungsvollen Geist
Hör ich schon des Gottes Schreiten,
Der sie jammervoll zerreißt.

Und sie schelten meine Klagen,
Und sie höhnen meinen Schmerz,
Einsam in die Wüste tragen
Muss ich mein gequältes Herz,
Von den Glücklichen gemieden,
Und den Fröhlichen ein Spott!
Schweres hast du mir beschieden
Pythischer, du arger Gott!

Dein Orakel zu verkünden,
Warum warfest du mich hin
In die Stadt der ewig Blinden,
Mit dem aufgeschlossnen Sinn?
Warum gabst du mir, zu sehen,
Was ich doch nicht wenden kann?
Das Verhängte muss geschehen,
Das Gefürchtete muss nahn.

Frommt's, den Schleier aufzuheben,
Wo das nahe Schrecknis droht?
Nur der Irrtum ist das Leben,
Und das Wissen ist der Tod.
Nimm, o nimm die traur'ge Klarheit,
Mir vom Aug' den blut'gen Schein!
Schrecklich ist es, deiner Wahrheit
Sterbliches Gefäß zu sein.

Meine Blindheit gib mir wieder
Und den fröhlich dunkeln Sinn,
Nimmer sang ich freud'ge Lieder,
Seit ich deine Stimme bin.
Zukunft hast du mir gegeben,
Doch du nahmst den Augenblick,
Nahmst der Stunde fröhlich Leben,
Nimm dein falsch Geschenk zurück.

Nimmer mit dem Schmuck der Bräute
Kränzt ich mir das duft'ge Haar,
Seit ich deinem Dienst mich weihte
An dem traurigen Altar.
Meine Jugend war nur Weinen,
Und ich kannte nur den Schmerz,
Jede herbe Not der Meinen
Schlug an mein empfindend Herz.

Fröhlich seh ich die Gespielen,
Alles um mich lebt und liebt
In der Jugend Lustgefühlen,
Mir nur ist das Herz getrübt.
Mir erscheint der Lenz vergebens,
Der die Erde festlich schmückt,
Wer erfreute sich des Lebens,
Der in seine Tiefen blickt!

Selig preis ich Polyxenen
In des Herzens trunknem Wahn,
Denn den Besten der Hellenen
Hofft sie bräutlich zu umfahn.
Stolz ist ihre Brust gehoben,
Ihre Wonne fasst sie kaum,
Nicht euch Himmlische dort oben
Neidet sie in ihrem Traum.

Und auch ich hab ihn gesehen,
Den das Herz verlangend wählt,
Seine schönen Blicke flehen,
Von der Liebe Glut beseelt.
Gerne möcht ich mit dem Gatten
In die heim'sche Wohnung ziehn,
Doch es tritt ein styg'scher Schatten
Nächtlich zwischen mich und ihn.

Ihre bleichen Larven alle
Sendet mir Proserpina,
Wo ich wandre, wo ich walle
Stehen mir die Geister da.
In der Jugend frohe Spiele
Drängen sie sich grausend ein,
Ein entsetzliches Gewühle,
Nimmer kann ich fröhlich sein.

Und den Mordstahl seh ich blinken,
Und des Mörders Auge glühn,
Nicht zur Rechten, nicht zur Linken
Kann ich vor dem Schrecknis fliehn,
Nicht die Blicke darf ich wenden,
Wissend, schauend, unverwandt
Muss ich mein Geschick vollenden
Fallend in dem fremden Land.« –

Und noch hallen ihre Worte,
Horch! Da dringt verworrner Ton
Fernher aus des Tempels Pforte,
Tot lag Thetis' großer Sohn!
Eris schüttelt ihre Schlangen,
Alle Götter fliehn davon,
Und des Donners Wolken hangen
Schwer herab auf Ilion.

Der Taucher

»Wer wagt es, Rittersmann oder Knapp,
Zu tauchen in diesen Schlund?
Einen goldnen Becher werf ich hinab,
Verschlungen schon hat ihn der schwarze Mund,

Wer mir den Becher kann wieder zeigen,
Er mag ihn behalten, er ist sein eigen.«

Der König spricht es und wirft von der Höh'
Der Klippe, die schroff und steil
Hinaushängt in die unendliche See,
Den Becher in der Charybde Geheul.
»Wer ist der Beherzte, ich frage wieder,
Zu tauchen in diese Tiefe nieder?«

Und die Ritter, die Knappen um ihn her,
Vernehmen's und schweigen still,
Sehen hinab in das wilde Meer,
Und keiner den Becher gewinnen will,
Und der König zum dritten Mal wieder fraget:
»Ist keiner, der sich hinunter waget?«

Doch alles noch stumm bleibt wie zuvor,
Und ein Edelknecht, sanft und keck,
Tritt aus der Knappen zagendem Chor,
Und den Gürtel wirft er, den Mantel weg,
Und alle die Männer umher und Frauen
Auf den herrlichen Jüngling verwundert schauen.

Und wie er tritt an des Felsen Hang,
Und blickt in den Schlund hinab,
Die Wasser, die sie hinunterschlang,
Die Charybde jetzt brüllend wiedergab,
Und wie mit des fernen Donners Getose
Entstürzen sie schäumend dem finstern Schoße.

Und es wallet und siedet und brauset und zischt,
Wie wenn Wasser mit Feuer sich mengt,
Bis zum Himmel sprützet der dampfende Gischt,
Und Flut auf Flut sich ohn Ende drängt,
Und will sich nimmer erschöpfen und leeren,
Als wollte das Meer noch ein Meer gebären.

Doch endlich, da legt sich die wilde Gewalt,
Und schwarz aus dem weißen Schaum
Klafft hinunter ein gähnender Spalt,
Grundlos als ging's in den Höllenraum,
Und reißend sieht man die brandenden Wogen
Hinab in den strudelnden Trichter gezogen.

Jetzt schnell, eh die Brandung wiederkehrt,
Der Jüngling sich Gott befiehlt,
Und – ein Schrei des Entsetzens wird rings gehört,
Und schon hat ihn der Wirbel hinweggespült,
Und geheimnisvoll über dem kühnen Schwimmer
Schließt sich der Rachen, er zeigt sich nimmer.

Und stille wird's über dem Wasserschlund,
In der Tiefe nur brauset es hohl,
Und bebend hört man von Mund zu Mund:
»Hochherziger Jüngling, fahre wohl!«
Und hohler und hohler hört man's heulen,
Und es harrt noch mit bangem, mit schrecklichem
                                          Weilen.

Und wärfst du die Krone selber hinein,
Und sprächst: wer mir bringet die Kron',
Er soll sie tragen und König sein,
Mich gelüstete nicht nach dem teuren Lohn,
Was die heulende Tiefe da unten verhehle,
Das erzählt keine lebende, glückliche Seele.

Wohl manches Fahrzeug, vom Strudel gefasst,
Schoss gäh in die Tiefe hinab,
Doch zerschmettert nur rangen sich Kiel und Mast
Hervor aus dem alles verschlingenden Grab –
Und heller und heller wird Sturmes Sausen
Hört man's näher und immer näher brausen.

Und es wallet und siedet und brauset und zischt,
Wie wenn Wasser mit Feuer sich mengt,
Bis zum Himmel sprützet der dampfende Gischt,
Und Well' auf Well' sich ohn Ende drängt,
Und wie mit des fernen Donners Getose
Entstürzt es brüllend dem finstern Schoße.

Und sieh! aus dem finster flutenden Schoß
Da hebet sich's schwanenweiß,
Und ein Arm und ein glänzender Nacken wird
       bloß
Und es rudert mit Kraft und mit emsigem Fleiß,
Und er ist's, und hoch in seiner Linken
Schwingt er den Becher mit freudigem Winken.

Und atmete lang und atmete tief,
Und begrüßte das himmlische Licht.
Mit Frohlocken es einer dem andern rief,
»Er lebt! Er ist da! Es behielt ihn nicht.
Aus dem Grab, aus der strudelnden Wasserhöhle
Hat der Brave gerettet die lebende Seele.«

Und er kommt, es umringt ihn die jubelnde Schar,
Zu des Königs Füßen er sinkt,
Den Becher reicht er ihm knieend dar,
Und der König der lieblichen Tochter winkt,
Die füllt ihn mit funkelndem Wein bis zum Rande,
Und der Jüngling sich also zum König wandte:

»Lang lebe der König! Es freue sich,
Wer da atmet im rosigten Licht!
Da unten aber ist's fürchterlich,
Und der Mensch versuche die Götter nicht,
Und begehre nimmer und nimmer zu schauen,
Was sie gnädig bedecken mit Nacht und Grauen.

Es riss mich hinunter blitzesschnell,
Da stürzt' mir aus felsigtem Schacht,
Wildflutend entgegen ein reißender Quell,
Mich packte des Doppelstroms wütende Macht,
Und wie einen Kreisel mit schwindelndem Drehen
Trieb mich's um, ich konnte nicht widerstehen.

Da zeigte mir Gott, zu dem ich rief,
In der höchsten schrecklichen Not,
Aus der Tiefe ragend ein Felsenriff,
Das erfasst ich behend und entrann dem Tod,
Und da hing auch der Becher an spitzen Korallen,
Sonst wär er ins Bodenlose gefallen.

Denn unter mir lag's noch, bergetief,
In purpurner Finsternis da,
Und ob's hier dem Ohre gleich ewig schlief,
Das Auge mit Schaudern hinuntersah,
Wie's von Salamandern und Molchen und Drachen
Sich regt' in dem furchtbaren Höllenrachen.

Schwarz wimmelten da, in grausem Gemisch,
Zu scheußlichen Klumpen geballt,
Der stachlichte Roche, der Klippenfisch,
Des Hammers greuliche Ungestalt,
Und dräuend wies mir die grimmigen Zähne
Der entsetzliche Hai, des Meeres Hyäne.

Und da hing ich und war's mir mit Grausen
                                    bewusst,
Von der menschlichen Hülfe so weit,
Unter Larven die einzige fühlende Brust,
Allein in der grässlichen Einsamkeit,
Tief unter dem Schall der menschlichen Rede
Bei den Ungeheuern der traurigen Öde.

Und schaudernd dacht ich's, da kroch's heran,
Regte hundert Gelenke zugleich,
Will schnappen nach mir, in des Schreckens Wahn
Lass ich los der Koralle umklammerten Zweig,
Gleich fasst mich der Strudel mit rasendem Toben,
Doch es war mir zum Heil, er riss mich nach oben.«

Der König darob sich verwundert schier,
Und spricht: »Der Becher ist dein,
Und diesen Ring noch bestimm ich dir,
Geschmückt mit dem köstlichsten Edelgestein,
Versuchst du's noch einmal und bringst mir Kunde,
Was du sahst auf des Meers tief unterstem Grunde.«

Das hörte die Tochter mit weichem Gefühl,
Und mit schmeichelndem Munde sie fleht:
»Laßt Vater genug sein das grausame Spiel,
Er hat euch bestanden, was keiner besteht,
Und könnt ihr des Herzens Gelüsten nicht
                                        zähmen,
So mögen die Ritter den Knappen beschämen.«

Drauf der König greift nach dem Becher schnell,
In den Strudel ihn schleudert hinein,
»Und schaffst du den Becher mir wieder zur Stell',
So sollst du der trefflichste Ritter mir sein,
Und sollst sie als Ehgemahl heut noch umarmen,
Die jetzt für dich bittet mit zartem Erbarmen.«

Da ergreift's ihm die Seele mit Himmelsgewalt,
Und es blitzt aus den Augen ihm kühn,
Und er siehet erröten die schöne Gestalt,
Und sieht sie erbleichen und sinken hin,
Da treibt's ihn, den köstlichen Preis zu erwerben,
Und stürzt hinunter auf Leben und Sterben.

Wohl hört man die Brandung, wohl kehrt sie
zurück,
Sie verkündigt der donnernde Schall,
Da bückt sich's hinunter mit liebendem Blick,
Es kommen, es kommen die Wasser all,
Sie rauschen herauf, sie rauschen nieder,
Den Jüngling bringt keines wieder.

Der Handschuh

Vor seinem Löwengarten,
Das Kampfspiel zu erwarten,
Saß König Franz,
Und um ihn die Großen der Krone,
Und rings auf hohem Balkone
Die Damen in schönem Kranz.

Und wie er winkt mit dem Finger,
Auftut sich der weite Zwinger,
Und hinein mit bedächtigem Schritt
Ein Löwe tritt,
Und sieht sich stumm
Rings um,
Mit langem Gähnen,
Und schüttelt die Mähnen,
Und streckt die Glieder,
Und legt sich nieder.

Und der König winkt wieder,
Da öffnet sich behend,
Ein zweites Tor,
Daraus rennt

Mit wildem Sprunge
Ein Tiger hervor,
Wie der den Löwen erschaut,
Brüllt er laut,
Schlägt mit dem Schweif
Einen furchtbaren Reif,
Und recket die Zunge,
Und im Kreise scheu
Umgeht er den Leu
Grimmig schnurrend,
Drauf streckt er sich murrend
Zur Seite nieder.

Und der König winkt wieder,
Da speit das doppelt geöffnete Haus
Zwei Leoparden auf einmal aus,
Die stürzen mit mutiger Kampfbegier
Auf das Tigertier,
Das packt sie mit seinen grimmigen Tatzen,
Und der Leu mit Gebrüll
Richtet sich auf, da wird's still,
Und herum im Kreis,
Von Mordsucht heiß,
Lagern sich die greulichen Katzen.

Da fällt von des Altans Rand
Ein Handschuh von schöner Hand
Zwischen den Tiger und den Leu'n
Mitten hinein.
Und zu Ritter Delorges spottenderweis'
Wendet sich Fräulein Kunigund:
»Herr Ritter, ist Eure Lieb' so heiß,
Wie Ihr mir's schwört zu jeder Stund,
Ei, so hebt mir den Handschuh auf.«

Und der Ritter in schnellem Lauf
Steigt hinab in den furchtbarn Zwinger
Mit festem Schritte,
Und aus der Ungeheuer Mitte
Nimmt er den Handschuh mit keckem Finger.

Und mit Erstaunen und mit Grauen
Sehen's die Ritter und Edelfrauen,
Und gelassen bringt er den Handschuh zurück,
Da schallt ihm sein Lob aus jedem Munde,
Aber mit zärtlichem Liebesblick –
Er verheißt ihm sein nahes Glück –
Empfängt ihn Fräulein Kunigunde.
Und er wirft ihr den Handschuh ins Gesicht:
»Den Dank, Dame, begehr ich nicht«,
Und verlässt sie zur selben Stunde.

Der Alpenjäger

Willst du nicht das Lämmlein hüten?
    Lämmlein ist so fromm und sanft,
Nährt sich von des Grases Blüten,
    Spielend an des Baches Ranft? –
»Mutter, Mutter lass mich gehen
Jagen nach des Berges Höhen.«

Willst du nicht die Herde locken
    Mit des Hornes munterm Klang?
Lieblich tönt der Schall der Glocken
    In des Waldes Lustgesang.
»Mutter, Mutter lass mich gehen
Schweifen auf den wilden Höhen!«

Willst du nicht der Blümlein warten,
  Die im Beete freundlich stehn?
Draußen ladet dich kein Garten,
  Wild ist's auf den wilden Höhn!
»Lass die Blümlein, lass sie blühen,
Mutter, Mutter lass mich ziehen!«

Und der Knabe ging zu jagen,
  Und es treibt und reißt ihn fort,
Rastlos fort, mit blindem Wagen,
  An des Berges finstern Ort,
Vor ihm her mit Windesschnelle
Flieht die zitternde Gazelle.

Auf der Felsen nackte Rippen
  Klettert sie mit leichtem Schwung,
Durch den Riss gespaltner Klippen
  Trägt sie der gewagte Sprung,
Aber hinter ihr verwogen
Folgt er mit dem Todesbogen.

Jetzo auf den schroffen Zinken
  Hängt sie, auf dem steilen Grat,
Wo die Felsen jäh versinken,
  Und verschwunden ist der Pfad,
Unter sich die steile Höhe,
Hinter sich des Feindes Nähe!

Mit des Jammers stummen Blicken
  Fleht sie zu dem harten Mann –
Fleht umsonst! denn loszudrücken
  Legt er schon den Bogen an,
Plötzlich aus der Felsenspalte
Tritt der Geist, der Bergesalte.

Und mit seinen Götterhänden
    Schützt er das gequälte Tier:
»Musst du Tod und Jammer senden«,
    Ruft er, »bis herauf zu mir?
Raum für alle hat die Erde,
Was verfolgst du meine Herde?«

———

Die Sänger der Vorwelt

Sagt, wo sind die Vortrefflichen hin, wo find ich die
Sänger,
Die mit dem lebenden Wort horchende Völker
entzückt,
Die vom Himmel den Gott, zum Himmel den Menschen
gesungen,
Und getragen den Geist hoch auf den Flügeln des
Lieds?
Ach, noch leben die Sänger, nur fehlen die Taten,
die Lyra
Freudig zu wecken, es fehlt ach! ein empfangendes
Ohr.
Glückliche Dichter der glücklichen Welt! Von Munde
zu Munde
Flog, von Geschlecht zu Geschlecht euer empfundenes
Wort.
Wie man die Götter empfängt, so begrüßte jeder mit
Andacht,
Was der Genius ihm, redend und bildend, erschuf.
An der Glut des Gesangs entflammten des Hörers
Gefühle,
An des Hörers Gefühl nährte der Sänger die Glut.
Nährt' und reinigte sie! Der Glückliche, dem in des
Volkes
Stimme noch hell zurücktönte die Seele des Lieds.
Dem noch von außen erschien, im Leben, die himm-
lische Gottheit,
Die der Neuere kaum, kaum noch im Herzen
vernimmt.

Der Tanz

Siehe wie schwebenden Schritts im Wellenschwung sich
die Paare
   Drehen, den Boden berührt kaum der geflügelte Fuß.
Seh ich flüchtige Schatten, befreit von der Schwere des
Leibes?
   Schlingen im Mondlicht dort Elfen den luftigen Reihn?
Wie, vom Zephyr gewiegt, der leichte Rauch in die Luft
fließt,
   Wie sich leise der Kahn schaukelt auf silberner Flut,
Hüpft der gelehrige Fuß auf des Takts melodischer Woge,
   Säuselndes Saitengetön hebt den ätherischen Leib.
Jetzt, als wollt es mit Macht durchreißen die Kette des
Tanzes
   Schwingt sich ein mutiges Paar dort in den dichtesten
Reihn.
Schnell vor ihm her entsteht ihm die Bahn, die hinter ihm
schwindet,
   Wie durch magische Hand öffnet und schließt sich der
Weg.
Sieh! Jetzt schwand es dem Blick, in wildem Gewirr
durcheinander
   Stürzt der zierliche Bau dieser beweglichen Welt.
Nein, dort schwebt es frohlockend herauf, der Knoten
entwirrt sich,
   Nur mit verändertem Reiz stellet die Regel sich her.
Ewig zerstört, es erzeugt sich ewig die drehende
Schöpfung,
   Und ein stilles Gesetz lenkt der Verwandlungen Spiel.
Sprich wie geschieht's, dass rastlos erneut die Bildungen
schwanken,
   Und die Ruhe besteht in der bewegten Gestalt?
Jeder ein Herrscher, frei, nur dem eigenen Herzen
gehorchet,
   Und im eilenden Lauf findet die einzige Bahn?

Willst du es wissen? Es ist des Wohllauts mächtige Gottheit,
　　Die zum geselligen Tanz ordnet den tobenden Sprung,
Die, der Nemesis gleich, an des Rhythmus goldenem Zügel
　　Lenkt die brausende Lust und die verwilderte zähmt;
Und dir rauschen umsonst die Harmonieen des Weltalls,
　　Dich ergreift nicht der Strom dieses erhabnen Gesangs,
Nicht der begeisternde Takt, den alle Wesen dir schlagen,
　　Nicht der wirbelnde Tanz, der durch den ewigen Raum
Leuchtende Sonnen schwingt in kühn gewundenen
　　　　　　　　　　　　Bahnen?
　　Das du im Spiele doch ehrst, fliehst du im Handeln, das
　　　　　　　　　　　　Maß.

Das Glück

Selig, welchen die Götter, die gnädigen, vor der Geburt
　　　　　　　　　　　　schon
　　Liebten, welchen als Kind Venus im Arme gewiegt,
Welchem Phöbus die Augen, die Lippen Hermes gelöset,
　　Und das Siegel der Macht Zeus auf die Stirne gedrückt!
Ein erhabenes Los, ein göttliches, ist ihm gefallen,
　　Schon vor des Kampfes Beginn sind ihm die Schläfe
　　　　　　　　　　　　bekränzt.
Ihm ist, eh er es lebte, das volle Leben gerechnet,
　　Eh er die Mühe bestand, hat er die Charis erlangt.
Groß zwar nenn ich den Mann, der sein eigner Bildner
　　　　　　　　　　　　und Schöpfer
　　Durch der Tugend Gewalt selber die Parze bezwingt,
Aber nicht erzwingt er das Glück und was ihm die Charis
　　Neidisch geweigert, erringt nimmer der strebende Mut.
Vor Unwürdigem kann dich der Wille, der ernste
　　　　　　　　　　　　bewahren,
　　Alles Höchste, es kommt frei von den Göttern herab.

Wie die Geliebte dich liebt, so kommen die himmlischen
Gaben,
Oben in Jupiters Reich herrscht wie in Amors die
Gunst.
Neigungen haben die Götter, sie lieben der grünenden
Jugend
Lockigte Scheitel, es zieht Freude die Fröhlichen an.
Nicht der Sehende wird von ihrer Erscheinung beseligt,
Ihrer Herrlichkeit Glanz hat nur der Blinde geschaut,
Gern erwählen sie sich der Einfalt kindliche Seele,
In das bescheidne Gefäß schließen sie Göttliches ein.
Ungehofft sind sie da, und täuschen die stolze Erwartung,
Keines Bannes Gewalt zwinget die Freien herab.
Wem er geneigt, dem sendet der Vater der Menschen und
Götter
Seinen Adler herab, trägt ihn zu himmlischen Höhn,
Unter die Menge greift er mit Eigenwillen, und welches
Haupt ihm gefället, um das flicht er mit liebender Hand
Jetzt den Lorbeer und jetzt die herrschaftgebende Binde,
Krönte doch selber den Gott nur das gewogene Glück.
Vor dem Glücklichen her tritt Phöbus, der pythische
Sieger,
Und der die Herzen bezwingt, Amor, der lächelnde Gott.
Vor ihm ebnet Poseidon das Meer, sanft gleitet des Schiffes
Kiel, das den Cäsar führt und sein allmächtiges Glück,
Ihm zu Füßen legt sich der Leu, das brausende Delphin
Steigt aus den Tiefen und fromm beut es den Rücken
ihm an.
Zürne dem Glücklichen nicht, dass den leichten Sieg ihm
die Götter
Schenken, dass aus der Schlacht Venus den Liebling
entrückt,
Ihn, den die Lächelnde rettet, den Göttergeliebten beneid
ich,
Jenen nicht, dem sie mit Nacht deckt den verdunkelten
Blick.

War er weniger herrlich, Achilles, weil ihm Hephästos
  Selbst geschmiedet den Schild und das verderbliche
                                     Schwert,
Weil um den sterblichen Mann der große Olimp sich
                                   beweget?
  Das verherrlichet ihn, dass ihn die Götter geliebt,
Dass sie sein Zürnen geehrt, und Ruhm dem Liebling zu
                                   geben,
  Hellas' bestes Geschlecht stürzten zum Orkus hinab.
Zürne der Schönheit nicht, dass sie schön ist, dass sie
                                 verdienstlos
  Wie der Lilie Kelch prangt durch der Venus Geschenk,
Lass sie die Glückliche sein, du schaust sie, du bist der
                                 Beglückte,
  Wie sie ohne Verdienst glänzt, so entzücket sie dich.
Freue dich, dass die Gabe des Lieds vom Himmel
                                 herabkömmt,
  Dass der Sänger dir singt, was ihn die Muse gelehrt,
Weil der Gott ihn beseelt, so wird er dem Hörer zum
                                 Gotte,
  Weil er der Glückliche ist, kannst du der Selige sein.
Auf dem geschäftigen Markt da führe Themis die Waage,
  Und es messe der Lohn streng an der Mühe sich ab,
Aber die Freude ruft nur ein Gott auf sterbliche Wangen,
  Wo kein Wunder geschieht, ist kein Beglückter zu sehn.
Alles Menschliche muss erst werden und wachsen und
                                 reifen,
  Und von Gestalt zu Gestalt führt es die bildende Zeit,
Aber das Glückliche siehest du nicht, das Schöne nicht
                                 werden,
  Fertig von Ewigkeit her steht es vollendet vor dir.
Jede irdische Venus ersteht wie die erste des Himmels
  Eine dunkle Geburt aus dem unendlichen Meer,
Wie die erste Minerva so tritt mit der Ägis gerüstet
  Aus des Donnerers Haupt jeder Gedanke des Lichts.

Der Genius

»Glaub ich«, sprichst du, »dem Wort, das der Weisheit
                                        Meister mich lehren,
   Das der Lehrlinge Schar sicher und fertig beschwört;
Kann die Wissenschaft nur zum wahren Frieden mich
                                        führen,
   Nur des Systemes Gebälk' stützen das Glück und das
                                        Recht?
Muss ich dem Trieb misstraun, der leise mich warnt, dem
                                        Gesetze,
   Das du selber, Natur, mir in den Busen geprägt,
Bis auf die ewige Schrift die S c h u l' ihr Siegel gedrücket,
   Und der Formel Gefäß bindet den flüchtigen Geist?
Sage du mir's, du bist in diese Tiefen gestiegen,
   Aus dem modrigten Grab kamst du erhalten zurück,
Dir ist bekannt, was die Gruft der dunklen Wörter
                                        bewahret,
   Ob der Lebenden Trost dort bei den Mumien wohnt?
Muss ich ihn wandeln den nächtlichen Weg? Mir graut,
                                        ich bekenn es,
   Wandeln will ich ihn doch, führt er zu Wahrheit und
                                        Recht.« –
Freund, du kennst doch die goldene Zeit, es haben die
                                        Dichter
   Manche Sage von ihr rührend und kindlich erzählt.
Jene Zeit, da das Heilige noch im Leben gewandelt,
   Da jungfräulich und keusch noch das Gefühl sich
                                        bewahrt,
Da noch das große Gesetz, das oben im Sonnenlauf waltet,
   Und verborgen im Ei reget den hüpfenden Punkt,
Noch der Notwendigkeit stilles Gesetz, das stätige, gleiche,
   Auch der menschlichen Brust freiere Wellen bewegt,
Da nicht irrend der Sinn und treu, wie der Zeiger am
                                        Uhrwerk,
   Auf das Wahrhaftige nur, nur auf das Ewige wies? –

Da war kein Profaner, kein Eingeweihter zu sehen,
  Was man lebendig empfand, ward nicht bei Toten
                              gesucht.
Gleich verständlich für jegliches Herz war die ewige
                              Regel,
  Gleich verborgen der Quell, dem sie belebend entfloss.
Aber die glückliche Zeit ist dahin! Vermessene Willkür
  Hat der getreuen Natur göttlichen Frieden gestört.
Das entweihte Gefühl ist nicht mehr Stimme der Götter,
  Und das Orakel verstummt in der entadelten Brust.
Nur in dem stilleren Selbst vernimmt es der horchende
                              Geist noch,
  Und den heiligen Sinn hütet das mystische Wort.
Hier beschwört es der Forscher, der reines Herzens
                              hinabsteigt,
  Und die verlorne Natur gibt ihm die Weisheit zurück.
Hast du, Glücklicher, nie den schützenden Engel verloren,
  Nie des frommen Instinkts liebende Warnung
                              verwirkt,
Malt in dem keuschen Auge noch treu und rein sich die
                              Wahrheit,
  Tönt ihr Rufen dir noch hell in der kindlichen Brust,
Schweigt noch in dem zufriednen Gemüt des Zweifels
                              Empörung,
  Wird sie, weißt du's gewiss, schweigen auf ewig wie
                              heut,
Wird der Empfindungen Streit nie eines Richters
                              bedürfen,
  Nie den hellen Verstand trüben das tückische Herz –
O dann gehe du hin in deiner köstlichen Unschuld,
  Dich kann die Wissenschaft nichts lehren. Sie lerne
                              von dir!
Jenes Gesetz, das mit ehrnem Stab den Sträubenden
                              lenket,
  Dir nicht gilt's. Was du tust, was dir gefällt, ist Gesetz,

Und an alle Geschlechter ergeht ein göttliches Machtwort,
  Was du mit heiliger Hand bildest, mit heiligem Mund
Redest, wird den erstaunten Sinn allmächtig bewegen,
  Du nur merkst nicht den Gott, der dir im Busen
                                              gebeut,
Nicht des Siegels Gewalt, das alle Geister dir beuget,
  Einfach gehst du und still durch die eroberte Welt.

Pompeji und Herkulanum

Welches Wunder begibt sich? Wir flehten um trinkbare
                                              Quellen
  Erde! dich an und was sendet dein Schoß uns herauf!
Lebt es im Abgrund auch? Wohnt unter der Lava
                                              verborgen
  Noch ein neues Geschlecht? Kehrt das entflohne
                                              zurück?
Griechen! Römer! O kommt! O seht, das alte Pompeji
  Findet sich wieder, aufs Neu bauet sich Herkules' Stadt.
Giebel an Giebel steigt, der räumige Portikus öffnet
  Seine Hallen, o eilt ihn zu beleben herbei!
Aufgetan ist das weite Theater, es stürze durch seine
  Sieben Mündungen sich flutend die Menge herein.
Mimen wo bleibt ihr? Hervor! Das bereitete Opfer
                                              vollende
  Atreus' Sohn, dem Orest folge der grausende Chor.
Wohin führet der Bogen des Siegs? Erkennt ihr das
                                              Forum?
  Was für Gestalten sind das auf dem kurulischen Stuhl?
Traget Liktoren die Beile voran! Den Sessel besteige
  Richtend der Prätor, der Zeug' trete, der Kläger vor ihn.
Reinliche Gassen breiten sich aus, mit erhöhetem Pflaster
  Ziehet der schmälere Weg neben den Häusern sich hin.

Schützend springen die Dächer hervor, die zierlichen
                              Zimmer
    Reihn um den einsamen Hof heimlich und traulich sich
                              her.
Öffnet die Läden geschwind und die lange verschütteten
                              Türen,
    In die schaudrigte Nacht falle der lustige Tag.
Siehe, wie rings um den Rand die netten Bänke sich
                              dehnen,
    Wie von buntem Gestein schimmernd das Estrich sich
                              hebt!
Frisch noch erglänzt die Wand von heiter brennenden
                              Farben,
    Wo ist der Künstler? Er warf eben den Pinsel hinweg.
Schwellender Früchte voll und lieblich geordneter Blumen
    Fasset der muntre Feston reizende Bildungen ein.
Mit beladenem Korb schlüpft hier ein Amor vorüber,
    Emsige Genien dort keltern den purpurnen Wein,
Hoch auf springt die Bacchantin im Tanz, dort ruhet sie
                              schlummernd,
    Und der lauschende Faun hat sich nicht satt noch
                              gesehn.
Flüchtig tummelt sie hier den raschen Zentauren, auf Einem
    Knie nur schwebend, und treibt frisch mit dem Thyrsus
                              ihn an.
Knaben! Was säumt ihr? Herbei! Da stehn noch die
                              schönen Geschirre,
    Frisch ihr Mädchen und schöpft in den etrurischen Krug.
Steht nicht der Dreifuß hier auf schön geflügelten
                              Sphinxen,
    Schüret das Feuer! Geschwind Sklaven! Bestellet den
                              Herd!
Kauft, hier geb ich euch Münzen vom mächtigen Titus
                              gepräget,
    Auch noch die Waage liegt hier, sehet, es fehlt kein
                              Gewicht.

Stecket das brennende Licht auf den zierlich gebildeten
                              Leuchter,
    Und mit glänzendem Öl fülle die Lampe sich an.
Was verwahret dies Kästchen? O seht, was der Bräutigam
                              sendet
    Mädchen! Spangen von Gold, glänzende Pasten zum
                              Schmuck!
Führet die Braut in das duftende Bad, hier stehn noch die
                              Salben,
    Schminke find ich noch hier in dem gehöhlten Krystall.
Aber wo bleiben die Männer? die Alten? Im ernsten
                              Museum
    Liegt noch ein köstlicher Schatz seltener Rollen gehäuft.
Griffel findet ihr hier zum Schreiben, wächserne Tafeln,
    Nichts ist verloren, getreu hat es die Erde bewahrt.
Auch die Penaten sie stellen sich ein, es finden sich alle
    Götter wieder, warum bleiben die Priester nur aus?
Den Caduceus schwingt der zierlich geschenkelte Hermes,
    Und die Viktoria fliegt leicht aus der haltenden Hand.
Die Altäre, sie stehen noch da, o kommet, o zündet,
    Lang schon entbehrte der Gott, zündet die Opfer ihm an!

Shakespears Schatten

Parodie

Endlich erblick ich auch die hohe Kraft des Herakles,
    Seinen Schatten. Er selbst leider war nicht mehr zu
                              sehn.
Ringsum schrie, wie Vögelgeschrei, das Geschrei der
                              Tragöden
    Und das Hundegebell der Dramaturgen um ihn.

Schauerlich stand das Ungetüm da. Gespannt war der
Bogen,
   Und der Pfeil auf der Senn' traf noch beständig das
Herz.
»Welche noch kühnere Tat, Unglücklicher, wagest du
jetzo,
   Zu den Verstorbenen selbst niederzusteigen, ins Grab!« –
Wegen Tiresias musst ich herab, den Seher zu fragen,
   Wo ich den alten Kothurn fände, der nicht mehr zu
sehn.
»Glauben sie nicht der Natur und den alten Griechen, so
holst du
   Eine Dramaturgie ihnen vergeblich herauf.« –
O die Natur, die zeigt auf unsern Bühnen sich wieder,
   Splitternackend, dass man jegliche Rippe ihr zählt.
»Wie? So ist wirklich bei euch der alte Kothurnus zu
sehen,
   Den zu holen ich selbst stieg in des Tartarus Nacht?« –
Nichts mehr von diesem tragischen Spuk. Kaum einmal
im Jahre
   Geht dein geharnischter Geist über die Bretter hinweg.
»Auch gut! Philosophie hat eure Gefühle geläutert,
   Und vor dem heitern Humor fliehet der schwarze
Affekt.« –
Ja, ein derber und trockener Spaß, nichts geht uns
darüber,
   Aber der Jammer auch, wenn er nur nass ist, gefällt.
»Also sieht man bei euch den leichten Tanz der Thalia
   Neben dem ernsten Gang, welchen Melpomene geht?« –
Keines von beiden! Uns kann nur das Christlich-
Moralische rühren,
   Und was recht populär, häuslich und bürgerlich ist.
»Was? Es dürfte kein Cäsar auf euren Bühnen sich zeigen,
   Kein Achill, kein Orest, keine Andromacha mehr?« –
Nichts! Man siehet bei uns nur Pfarrer, Kommerzienräte,
   Fähndriche, Sekretärs oder Husarenmajors.

»Aber ich bitte dich Freund, was kann denn dieser Misere
  Großes begegnen, was kann Großes denn durch sie
                                    geschehn?« –
Was? Sie machen Kabale, sie leihen auf Pfänder, sie
                                    stecken
  Silberne Löffel ein, wagen den Pranger und mehr.
»Woher nehmt ihr denn aber das große gigantische
                                    Schicksal,
  Welches den Menschen erhebt, wenn es den Menschen
                                    zermalmt?« –
Das sind Grillen! Uns selbst und unsre guten Bekannten,
  Unsern Jammer und Not suchen und finden wir hier.
»Aber das habt ihr ja alles bequemer und besser zu
                                    Hause,
  Warum entfliehet ihr euch, wenn ihr euch selber nur
                                    sucht?« –
Nimm's nicht übel mein Heros. Das ist ein verschiedener
                                    Kasus,
  Das Geschick, das ist blind, und der Poet ist gerecht.
»Also eure Natur, die erbärmliche, trifft man auf euern
  Bühnen, die große nur nicht, nicht die unendliche an?« –
Der Poet ist der Wirt und der letzte Aktus die Zeche,
  Wenn sich das Laster erbricht, setzt sich die Tugend zu
                                    Tisch.

Die Geschlechter

Sieh in dem zarten Kind zwei liebliche Blumen vereinigt,
  Jungfrau und Jüngling, sie deckt beide die Knospe noch
                                    zu.
Leise löst sich das Band, es entzweien sich zart die
                                    Naturen,
  Und von der holden Scham trennet sich feurig die Kraft.

Gönne dem Knaben zu spielen, in wilder Begierde zu
toben,
   Nur die gesättigte Kraft kehret zur Anmut zurück.
Aus der Knospe beginnt die doppelte Blume zu streben,
   Köstlich ist jede, doch stillt keine dein sehnendes Herz.
Reizende Fülle schwellt der Jungfrau blühende Glieder,
   Aber der Stolz bewacht streng wie der Gürtel den Reiz.
Scheu wie das zitternde Reh, das ihr Horn durch die
Wälder verfolget,
   Fliehet sie im Mann nur den Feind, hasset noch, weil sie
nicht liebt.
Trotzig schauet und kühn aus finstern Wimpern der
Jüngling.
   Und gehärtet zum Kampf spannet die Sehne sich an.
Fern in der Speere Gewühl und auf die stäubende
Rennbahn
   Ruft ihn der lockende Ruhm, reißt ihn der brausende
Mut.
Jetzt beschütze dein Werk Natur! Auseinander auf immer
   Fliehet, wenn du nicht vereinst, feindlich, was ewig
sich sucht.
Aber da bist du, du mächtige schon, aus dem wildesten
Streite
   Rufst du der Harmonie göttlichen Frieden hervor.
Tief verstummet die lärmende Jagd, des rauschenden Tages
   Tosen verhallet und leis sinken die Sterne herab.
Seufzend flüstert das Rohr, sanft murmelnd gleiten die
Bäche,
   Und mit melodischem Lied füllt Philomela den Hain.
Was erreget zu Seufzern der Jungfrau steigenden Busen?
   Jüngling, was füllet den Blick schwellend mit Tränen
dir an?
Ach sie suchet umsonst, was sie sanft anschmiegend
umfasse,
   Und die schwellende Frucht beuget zur Erde die Last.

Ruhelos strebend verzehrt sich in eigenen Flammen der
Jüngling,
Ach, der brennenden Glut wehet kein lindernder
Hauch.
Siehe, da finden sie sich, es führet sie Amor zusammen,
Und dem geflügelten Gott folgt der geflügelte Sieg.
Göttliche Liebe, du bist's die der Menschheit Blumen
vereinigt,
Ewig getrennt, sind sie doch ewig verbunden durch
dich.

Der Spaziergang

Sei mir gegrüßt mein Berg mit dem rötlich strahlenden
Gipfel,
Sei mir Sonne gegrüßt, die ihn so lieblich bescheint,
Dich auch grüß ich belebte Flur, euch säuselnde Linden,
Und den fröhlichen Chor, der auf den Ästen sich wiegt,
Ruhige Bläue dich auch, die unermesslich sich ausgießt
Um das braune Gebirg, über den grünenden Wald,
Auch um mich, der endlich entflohn des Zimmers
Gefängnis
Und dem engen Gespräch freudig sich rettet zu dir,
Deiner Lüfte balsamischer Strom durchrinnt mich
erquickend,
Und den durstigen Blick labt das energische Licht,
Kräftig auf blühender Au erglänzen die wechselnden
Farben,
Aber der reizende Streit löset in Anmut sich auf,
Frei empfängt mich die Wiese mit weithin verbreitetem
Teppich,
Durch ihr freundliches Grün schlingt sich der ländliche
Pfad,

Um mich summt die geschäftige Bien', mit zweifelndem
Flügel
Wiegt der Schmetterling sich über dem rötlichten Klee,
Glühend trifft mich der Sonne Pfeil, still liegen die Weste,
Nur der Lerche Gesang wirbelt in heiterer Luft.
Doch jetzt braust's aus dem nahen Gebüsch, tief neigen
der Erlen
Kronen sich, und im Wind wogt das versilberte Gras,
Mich umfängt ambrosische Nacht; in duftende Kühlung
Nimmt ein prächtiges Dach schattender Buchen mich
ein,
In des Waldes Geheimnis entflieht mir auf einmal die
Landschaft,
Und ein schlängelnder Pfad leitet mich steigend empor.
Nur verstohlen durchdringt der Zweige laubigtes Gitter
Sparsames Licht, und es blickt lachend das Blaue herein.
Aber plötzlich zerreißt der Flor. Der geöffnete Wald gibt
Überraschend des Tags blendendem Glanz mich zurück.
Unabsehbar ergießt sich vor meinen Blicken die Ferne,
Und ein blaues Gebirg endigt im Dufte die Welt.
Tief an des Berges Fuß, der gählings unter mir abstürzt,
Wallet des grünlichten Stroms fließender Spiegel vorbei.
Endlos unter mir seh ich den Äther, über mir endlos,
Blicke mit Schwindeln hinauf, blicke mit Schaudern
hinab,
Aber zwischen der ewigen Höh' und der ewigen Tiefe
Trägt ein geländerter Steig sicher den Wandrer dahin.
Lachend fliehen an mir die reichen Ufer vorüber,
Und den fröhlichen Fleiß rühmet das prangende Tal.
Jene Linien, sieh! die des Landmanns Eigentum scheiden,
In den Teppich der Flur hat sie Demeter gewirkt.
Freundliche Schrift des Gesetzes, des menschenerhaltenden
Gottes,
Seit aus der ehernen Welt fliehend die Liebe
verschwand,

Aber in freieren Schlangen durchkreuzt die geregelten
Felder
Jetzt verschlungen vom Wald, jetzt an den Bergen hinauf
Klimmend, ein schimmernder Streif, die Länder ver-
knüpfende Straße,
Auf dem ebenen Strom gleiten die Flöße dahin,
Vielfach ertönt der Herden Geläut im belebten Gefilde,
Und den Widerhall weckt einsam des Hirten Gesang.
Muntre Dörfer bekränzen den Strom, in Gebüschen
verschwinden
Andre, vom Rücken des Bergs stürzen sie gäh dort
herab.
Nachbarlich wohnet der Mensch noch mit dem Acker
zusammen,
Seine Felder umruhn friedlich sein ländliches Dach,
Traulich rankt sich die Reb' empor an dem niedrigen
Fenster,
Einen umarmenden Zweig schlingt um die Hütte der
Baum,
Glückliches Volk der Gefilde! Noch nicht zur Freiheit
erwachet,
Teilst du mit deiner Flur fröhlich das enge Gesetz.
Deine Wünsche beschränkt der Ernten ruhiger Kreislauf,
Wie dein Tagewerk, gleich, windet dein Leben sich ab!
Aber wer raubt mir auf einmal den lieblichen Anblick?
Ein fremder
Geist verbreitet sich schnell über die fremdere Flur!
Spröde sondert sich ab, was kaum noch liebend sich
mischte,
Und das Gleiche nur ist's, was an das Gleiche sich reiht.
Stände seh ich gebildet, der Pappeln stolze Geschlechter
Ziehn in geordnetem Pomp vornehm und prächtig
daher,
Regel wird alles und alles wird Wahl und alles
Bedeutung,
Dieses Dienergefolg meldet den Herrscher mir an.

Prangend verkündigen ihn von fern die beleuchteten
                                                Kuppeln,
    Aus dem felsigten Kern hebt sich die türmende Stadt.
In die Wildnis hinaus sind des Waldes Faunen verstoßen,
    Aber die Andacht leiht höheres Leben dem Stein.
Näher gerückt ist der Mensch an den Menschen. Enger
                                            wird um ihn,
    Reger erwacht, es umwälzt rascher sich in ihm die Welt.
Sieh, da entbrennen in feurigem Kampf die eifernden
                                                Kräfte,
    Großes wirket ihr Streit, Größeres wirket ihr Bund.
Tausend Hände belebt Ein Geist, hoch schläget in tausend
    Brüsten, von einem Gefühl glühend, ein einziges Herz,
Schlägt für das Vaterland und glüht für der Ahnen
                                                Gesetze,
    Hier auf dem teuren Grund ruht ihr verehrtes Gebein.
Nieder steigen vom Himmel die seligen Götter, und
                                                nehmen
    In dem geweihten Bezirk festliche Wohnungen ein,
Herrliche Gaben bescherend erscheinen sie: Ceres vor allen
    Bringet des Pfluges Geschenk, Hermes den Anker
                                                herbei,
Bacchus die Traube, Minerva des Ölbaums grünende
                                                Reiser,
    Auch das kriegrische Ross führet Poseidon heran,
Mutter Cybele spannt an des Wagens Deichsel die Löwen,
    In das gastliche Tor zieht sie als Bürgerin ein.
Heilige Steine! Aus euch ergossen sich Pflanzer der
                                                Menschheit,
    Fernen Inseln des Meers sandtet ihr Sitten und Kunst,
Weise sprachen das Recht an diesen geselligen Toren,
    Helden stürzten zum Kampf für die Penaten heraus.
Auf den Mauren erschienen, den Säugling im Arme, die
                                                Mütter,
    Blickten dem Heerzug nach, bis ihn die Ferne
                                                verschlang.

Betend stürzten sie dann vor der Götter Altären sich
nieder,
  Flehten um Ruhm und Sieg, flehten um Rückkehr für
euch.
Ehre ward euch und Sieg, doch der Ruhm nur kehrte
zurücke,
  Eurer Taten Verdienst meldet der rührende Stein:
»Wanderer, kommst du nach Sparta, verkündige dorten,
du habest
  Uns hier liegen gesehn, wie das Gesetz es befahl.«
Ruhet sanft ihr Geliebten! Von eurem Blute begossen
  Grünet der Ölbaum, es keimt lustig die köstliche Saat.
Munter entbrennt, des Eigentums froh, das freie Gewerbe,
  Aus dem Schilfe des Stroms winket der bläulichte Gott.
Zischend fliegt in den Baum die Axt, es erseufzt die
Dryade,
  Hoch von des Berges Haupt stürzt sich die donnernde
Last.
Aus dem Felsbruch wiegt sich der Stein, vom Hebel
beflügelt,
  In der Gebirge Schlucht taucht sich der Bergmann
hinab.
Mulcibers Amboss tönt von dem Takt geschwungener
Hämmer,
  Unter der nervigten Faust sprützen die Funken des
Stahls,
Glänzend umwindet der goldne Lein die tanzende
Spindel,
  Durch die Saiten des Garns sauset das webende Schiff,
Fern auf der Reede ruft der Pilot, es warten die Flotten,
  Die in der Fremdlinge Land tragen den heimischen
Fleiß,
Andre ziehn frohlockend dort ein, mit den Gaben der
Ferne,
  Hoch von dem ragenden Mast wehet der festliche
Kranz.

Siehe da wimmeln die Märkte, der Kran von fröhlichem
Leben,
Seltsamer Sprachen Gewirr braust in das wundernde
Ohr.
Auf den Stapel schüttet die Ernten der Erde der
Kaufmann,
Was dem glühenden Strahl Afrikas Boden gebiert,
Was Arabien kocht, was die äußerste Thule bereitet,
Hoch mit erfreuendem Gut füllt Amalthea das Horn.
Da gebieret das Glück dem Talente die göttlichen Kinder,
Von der Freiheit gesäugt wachsen die Künste der Lust.
Mit nachahmendem Leben erfreuet der Bildner die Augen,
Und vom Meißel beseelt redet der fühlende Stein,
Künstliche Himmel ruhn auf schlanken ionischen Säulen,
Und den ganzen Olimp schließet ein Pantheon ein,
Leicht wie der Iris Sprung durch die Luft, wie der Pfeil
von der Senne
Hüpfet der Brücke Joch über den brausenden Strom.
Aber im stillen Gemach entwirft bedeutende Zirkel
Sinnend der Weise, beschleicht forschend den
schaffenden Geist,
Prüft der Stoffe Gewalt, der Magnete Hassen und Lieben,
Folgt durch die Lüfte dem Klang, folgt durch den
Äther dem Strahl,
Sucht das vertraute Gesetz in des Zufalls grausenden
Wundern,
Sucht den ruhenden Pol in der Erscheinungen Flucht.
Körper und Stimme leiht die Schrift dem stummen
Gedanken,
Durch der Jahrhunderte Strom trägt ihn das redende
Blatt.
Da zerrinnt vor dem wundernden Blick der Nebel des
Wahnes,
Und die Gebilde der Nacht weichen dem tagenden
Licht.

Seine Fesseln zerbricht der Mensch. Der Beglückte!
                              Zerriss er
    Mit den Fesseln der Furcht nur nicht den Zügel der
                              Scham!
Freiheit ruft die Vernunft, Freiheit die wilde Begierde,
    Von der heil'gen Natur ringen sie lüstern sich los.
Ach, da reißen im Sturm die Anker, die an dem Ufer
    Warnend ihn hielten, ihn fasst mächtig der flutende
                              Strom,
Ins Unendliche reißt er ihn hin, die Küste verschwindet,
    Hoch auf der Fluten Gebirg wiegt sich entmastet der
                              Kahn,
Hinter Wolken erlöschen des Wagens beharrliche Sterne,
    Bleibend ist nichts mehr, es irrt selbst in dem Busen der
                              Gott.
Aus dem Gespräche verschwindet die Wahrheit, Glauben
                              und Treue
    Aus dem Leben, es lügt selbst auf der Lippe der Schwur.
In der Herzen vertraulichsten Bund, in der Liebe
                              Geheimnis
    Drängt sich der Sykophant, reißt von dem Freunde den
                              Freund,
Auf die Unschuld schielt der Verrat mit verschlingendem
                              Blicke,
    Mit vergiftendem Biss tötet des Lästerers Zahn.
Feil ist in der geschändeten Brust der Gedanke, die Liebe
    Wirft des freien Gefühls göttlichen Adel hinweg,
Deiner heiligen Zeichen, o Wahrheit, hat der Betrug sich
    Angemaßt, der Natur köstlichste Stimmen entweiht,
Die das bedürftige Herz in der Freude Drang sich
                              erfindet,
    Kaum gibt wahres Gefühl noch durch Verstummen sich
                              kund.
Auf der Tribune prahlet das Recht, in der Hütte die
                              Eintracht,
    Des Gesetzes Gespenst steht an der Könige Thron,

Jahre lang mag, Jahrhunderte lang die Mumie dauern,
   Mag das trügende Bild lebender Fülle bestehn,
Bis die Natur erwacht, und mit schweren ehernen Händen
   An das hohle Gebäu rühret die Not und die Zeit,
Einer Tigerin gleich, die das eiserne Gitter durchbrochen
   Und des numidischen Walds plötzlich und schrecklich
                              gedenkt,
Aufsteht mit des Verbrechens Wut und des Elends die
                              Menschheit,
   Und in der Asche der Stadt sucht die verlorne Natur.
O so öffnet euch Mauren, und gebt den Gefangenen ledig,
   Zu der verlassenen Flur kehr' er gerettet zurück!
Aber wo bin ich? Es birgt sich der Pfad. Abschüssige
                              Gründe
   Hemmen mit gähnender Kluft hinter mir, vor mir den
                              Schritt.
Hinter mir blieb der Gärten, der Hecken vertraute
                              Begleitung,
   Hinter mir jegliche Spur menschlicher Hände zurück.
Nur die Stoffe seh ich getürmt, aus welchen das Leben
   Keimet, der rohe Basalt hofft auf die bildende Hand,
Brausend stürzt der Gießbach herab durch die Rinne des
                              Felsen
   Unter den Wurzeln des Baums bricht er entrüstet sich
                              Bahn.
Wild ist es hier und schauerlich öd. Im einsamen
                              Luftraum
   Hängt nur der Adler, und knüpft an das Gewölke die
                              Welt.
Hoch herauf bis zu mir trägt keines Windes Gefieder
   Den verlorenen Schall menschlicher Mühen und Lust.
Bin ich wirklich allein? In deinen Armen, an deinem
   Herzen wieder, Natur, ach! und es war nur ein Traum,
Der mich schaudernd ergriff, mit des Lebens furchtbarem
                              Bilde,
   Mit dem stürzenden Tal stürzte der finstre hinab.

Reiner nehm ich mein Leben von deinem reinen Altare,
Nehme den fröhlichen Mut hoffender Jugend zurück!
Ewig wechselt der Wille den Zweck und die Regel, in
ewig
Wiederholter Gestalt wälzen die Taten sich um.
Aber jugendlich immer, in immer veränderter Schöne
Ehrst du, fromme Natur, züchtig das alte Gesetz,
Immer dieselbe, bewahrst du in treuen Händen dem
Manne,
Was dir das gaukelnde Kind, was dir der Jüngling
vertraut,
Nährest an gleicher Brust die vielfach wechselnden
Alter;
Unter demselben Blau, über dem nämlichen Grün
Wandeln die nahen und wandeln vereint die fernen
Geschlechter,
Und die Sonne Homers, siehe! sie lächelt auch uns.

Nänie

Auch das Schöne muss sterben! Das Menschen und
Götter bezwinget,
Nicht die eherne Brust rührt es des stygischen Zeus.
Einmal nur erweichte die Liebe den Schattenbeherrscher,
Und an der Schwelle noch, streng, rief er zurück sein
Geschenk.
Nicht stillt Aphrodite dem schönen Knaben die Wunde,
Die in den zierlichen Leib grausam der Eber geritzt.
Nicht errettet den göttlichen Held die unsterbliche
Mutter,
Wann er, am skäischen Tor fallend, sein Schicksal
erfüllt.

Aber sie steigt aus dem Meer mit allen Töchtern des
                                          Nereus,
    Und die Klage hebt an um den verherrlichten Sohn.
Siehe! Da weinen die Götter, es weinen die Göttinnen
                                          alle,
    Dass das Schöne vergeht, dass das Vollkommene
                                          stirbt.
Auch ein Klaglied zu sein im Mund der Geliebten ist
                                          herrlich,
    Denn das Gemeine geht klanglos zum Orkus hinab.

———

Am Antritt
des neuen Jahrhunderts

An * * *

Edler Freund! Wo öffnet sich dem Frieden,
　　Wo der Freiheit sich ein Zufluchtsort?
Das Jahrhundert ist im Sturm geschieden,
　　Und das neue öffnet sich dem Mord.

Und das Band der Länder ist gehoben,
　　Und die alten Formen stürzen ein;
Nicht das Weltmeer hemmt des Krieges Toben,
　　Nicht der Nilgott und der alte Rhein.

Zwo gewalt'ge Nationen ringen
　　Um der Welt alleinigen Besitz,
Aller Länder Freiheit zu verschlingen
　　Schwingen sie den Dreizack und den Blitz.

Gold muss ihnen jede Landschaft wägen,
　　Und wie Brennus in der rohen Zeit
Legt der Franke seinen ehrnen Degen
　　In die Waage der Gerechtigkeit.

Seine Handelsflotten streckt der Brite
　　Gierig wie Polypenarme aus,
Und das Reich der freien Amphitrite
　　Will er schließen wie sein eignes Haus.

Zu des Südpols nie erblickten Sternen
　　Dringt sein rastlos ungehemmter Lauf,
Alle Inseln spürt er, alle fernen
　　Küsten – nur das Paradies nicht auf.

Ach umsonst auf allen Ländercharten
    Spähst du nach dem seligen Gebiet,
Wo der Freiheit ewig grüner Garten,
    Wo der Menschheit schöne Jugend blüht.

Endlos liegt die Welt vor deinen Blicken,
    Und die Schifffahrt selbst ermisst sie kaum,
Doch auf ihren unermessnen Rücken
    Ist für zehen Glückliche nicht Raum.

In des Herzens heilig stille Räume
    Musst du fliehen aus des Lebens Drang,
Freiheit ist nur in dem Reich der Träume,
    Und das Schöne blüht nur im Gesang.

Die Götter Griechenlandes

Da ihr noch die schöne Welt regieret,
An der Freude leichtem Gängelband
Selige Geschlechter noch geführet,
Schöne Wesen aus dem Fabelland!
Ach, da euer Wonnedienst noch glänzte,
Wie ganz anders, anders war es da!
Da man deine Tempel noch bekränzte,
Venus Amathusia!

Da der Dichtung zauberische Hülle
Sich noch lieblich um die Wahrheit wand –
Durch die Schöpfung floss da Lebensfülle,
Und was nie empfinden wird, empfand.
An der Liebe Busen sie zu drücken,
Gab man höhern Adel der Natur,

Alles wies den eingeweihten Blicken
Alles eines Gottes Spur.

Wo jetzt nur, wie unsre Weisen sagen,
Seelenlos ein Feuerball sich dreht,
Lenkte damals seinen goldnen Wagen
Helios in stiller Majestät.
Diese Höhen füllten Oreaden,
Eine Dryas lebt' in jenem Baum,
Aus den Urnen lieblicher Najaden
Sprang der Ströme Silberschaum.

Jener Lorbeer wand sich einst um Hilfe,
Tantals Tochter schweigt in diesem Stein,
Syrinx' Klage tönt' aus jenem Schilfe,
Philomelas Schmerz aus diesem Hain.
Jener Bach empfing Demeters Zähre,
Die sie um Persephonen geweint,
Und von diesem Hügel rief Cythere
Ach umsonst! dem schönen Freund.

Zu Deukalions Geschlechte stiegen
Damals noch die Himmlischen herab,
Pyrrhas schöne Töchter zu besiegen
Nahm der Leto Sohn den Hirtenstab.
Zwischen Menschen, Göttern und Heroen
Knüpfte Amor einen schönen Bund,
Sterbliche mit Göttern und Heroen
Huldigten in Amathunt.

Finstrer Ernst und trauriges Entsagen
War aus eurem heitern Dienst verbannt,
Glücklich sollten alle Herzen schlagen,
Denn euch war der Glückliche verwandt.
Damals war nichts heilig als das Schöne,
Keiner Freude schämte sich der Gott,

Wo die keusch errötende Kamöne,
Wo die Grazie gebot.

Eure Tempel lachten gleich Palästen
Euch verherrlichte das Heldenspiel
An des Isthmus kronenreichen Festen,
Und die Wagen donnerten zum Ziel.
Schön geschlungne seelenvolle Tänze
Kreisten um den prangenden Altar,
Eure Schläfe schmückten Siegeskränze,
Kronen euer duftend Haar.

Das Evoë muntrer Thyrsusschwinger
Und der Panther prächtiges Gespann
Meldeten den großen Freudebringer,
Faun und Satyr taumeln ihm voran,
Um ihn springen rasende Mänaden,
Ihre Tänze loben seinen Wein,
Und des Wirtes braune Wangen laden
Lustig zu dem Becher ein.

Damals trat kein grässliches Gerippe
Vor das Bett des Sterbenden. Ein Kuss
Nahm das letzte Leben von der Lippe,
Seine Fackel senkt' ein Genius.
Selbst des Orkus strenge Richterwaage
Hielt der Enkel einer Sterblichen,
Und des Thrakers seelenvolle Klage
Rührte die Erinnyen.

Seine Freuden traf der frohe Schatten
In Elysiens Hainen wieder an,
Treue Liebe fand den treuen Gatten
Und der Wagenlenker seine Bahn,
Linus' Spiel tönt die gewohnten Lieder
In Alcestens Arme sinkt Admet,

Seinen Freund erkennt Orestes wieder,
Seine Pfeile Philoktet.

Höh're Preise stärkten da den Ringer
Auf der Tugend arbeitvoller Bahn,
Großer Taten herrliche Vollbringer
Klimmten zu den Seligen hinan.
Vor dem Wiederfoderer der Toten
Neigte sich der Götter stille Schar,
Durch die Fluten leuchtet dem Piloten
Vom Olimp das Zwillingspaar.

Schöne Welt, wo bist du? Kehre wieder
Holdes Blütenalter der Natur!
Ach nur in dem Feenland der Lieder
Lebt noch deine fabelhafte Spur.
Ausgestorben trauert das Gefilde,
Keine Gottheit zeigt sich meinem Blick,
Ach von jenem lebenwarmen Bilde
Blieb der Schatten nur zurück.

Alle jene Blüten sind gefallen
Von des Nordes schauerlichem Wehn,
Einen zu bereichern unter allen
Musste diese Götterwelt vergehn.
Traurig such ich an dem Sternenbogen,
Dich Selene find ich dort nicht mehr,
Durch die Wälder ruf ich, durch die Wogen,
Ach! sie widerhallen leer!

Unbewusst der Freuden, die sie schenket,
Nie entzückt von ihrer Herrlichkeit,
Nie gewahr des Geistes, der sie lenket,
Sel'ger nie durch meine Seligkeit,
Fühllos selbst für ihres Künstlers Ehre,
Gleich dem toten Schlag der Pendeluhr,

Dient sie knechtisch dem Gesetz der Schwere
Die entgötterte Natur.

Morgen wieder neu sich zu entbinden,
Wühlt sie heute sich ihr eignes Grab,
Und an ewig gleicher Spindel winden
Sich von selbst die Monde auf und ab.
Müßig kehrten zu dem Dichterlande
Heim die Götter, unnütz einer Welt,
Die, entwachsen ihrem Gängelbande,
Sich durch eignes Schweben hält.

Ja sie kehrten heim und alles Schöne
Alles Hohe nahmen sie mit fort,
Alle Farben, alle Lebenstöne,
Und uns blieb nur das entseelte Wort.
Aus der Zeitflut weggerissen schweben
Sie gerettet auf des Pindus Höhn,
Was unsterblich im Gesang soll leben
Muss im Leben untergehn.

Die Ideale

So willst du treulos von mir scheiden
Mit deinen holden Phantasien,
Mit deinen Schmerzen, deinen Freuden,
Mit allen unerbittlich fliehn?
Kann nichts dich, Fliehende! verweilen,
O! meines Lebens goldne Zeit?
Vergebens, deine Wellen eilen
Hinab ins Meer der Ewigkeit.

Erloschen sind die heitern Sonnen,
Die meiner Jugend Pfad erhellt,
Die Ideale sind zerronnen,
Die einst das trunkne Herz geschwellt,
Er ist dahin, der süße Glaube
An Wesen, die mein Traum gebar,
Der rauhen Wirklichkeit zum Raube,
Was einst so schön, so göttlich war.

Wie einst mit flehendem Verlangen
Pygmalion den Stein umschloss,
Bis in des Marmors kalte Wangen
Empfindung glühend sich ergoss,
So schlang ich mich mit Liebesarmen
Um die Natur, mit Jugendlust,
Bis sie zu atmen, zu erwarmen
Begann an meiner Dichterbrust.

Und teilend meine Flammentriebe
Die Stumme eine Sprache fand,
Mir wiedergab den Kuss der Liebe,
Und meines Herzens Klang verstand;
Da lebte mir der Baum, die Rose,
Mir sang der Quellen Silberfall,
Es fühlte selbst das Seelenlose
Von meines Lebens Widerhall.

Es dehnte mit allmächt'gem Streben
Die enge Brust ein kreisend All
Herauszutreten in das Leben,
In Tat und Wort, in Bild und Schall.
Wie groß war diese Welt gestaltet,
Solang die Knospe sie noch barg,
Wie wenig, ach! hat sich entfaltet,
Dies Wenige, wie klein und karg.

Wie sprang, von kühnem Mut beflügelt,
Beglückt in seines Traumes Wahn,
Von keiner Sorge noch gezügelt,
Der Jüngling in des Lebens Bahn.
Bis an des Äthers bleichste Sterne
Erhob ihn der Entwürfe Flug,
Nichts war so hoch, und nichts so ferne,
Wohin ihr Flügel ihn nicht trug.

Wie leicht ward er dahingetragen,
Was war dem Glücklichen zu schwer!
Wie tanzte vor des Lebens Wagen
Die luftige Begleitung her!
Die Liebe mit dem süßen Lohne,
Das Glück mit seinem goldnen Kranz,
Der Ruhm mit seiner Sternenkrone,
Die Wahrheit in der Sonne Glanz!

Doch ach! schon auf des Weges Mitte
Verloren die Begleiter sich,
Sie wandten treulos ihre Schritte,
Und einer nach dem andern wich.
Leichtfüßig war das Glück entflogen,
Des Wissens Durst blieb ungestillt,
Des Zweifels finstre Wetter zogen
Sich um der Wahrheit Sonnenbild.

Ich sah des Ruhmes heil'ge Kränze
Auf der gemeinen Stirn entweiht,
Ach! allzu schnell nach kurzem Lenze
Entfloh die schöne Liebeszeit.
Und immer stiller ward's und immer
Verlassner auf dem rauhen Steg,
Kaum warf noch einen bleichen Schimmer
Die Hoffnung auf dem finstern Weg.

Von all dem rauschenden Geleite,
Wer harrte liebend bei mir aus?
Wer steht mir tröstend noch zur Seite,
Und folgt mir bis zum finstern Haus?
Du, die du alle Wunden heilest,
Der Freundschaft leise zarte Hand,
Des Lebens Bürden liebend teilest,
Du, die ich frühe sucht und fand.

Und du, die gern sich mit ihr gattet,
Wie sie, der Seele Sturm beschwört,
Beschäftigung, die nie ermattet,
Die langsam schafft, doch nie zerstört,
Die zu dem Bau der Ewigkeiten
Zwar Sandkorn nur für Sandkorn reicht,
Doch von der großen Schuld der Zeiten
Minuten, Tage, Jahre streicht.

Die Worte des Glaubens

Drei Worte nenn ich euch, inhaltschwer,
   Sie gehen von Munde zu Munde,
Doch stammen sie nicht von außen her,
   Das Herz nur gibt davon Kunde,
Dem Menschen ist aller Wert geraubt,
Wenn er nicht mehr an die drei Worte glaubt.

Der Mensch ist frei geschaffen, ist frei,
   Und würd er in Ketten geboren,
Lasst euch nicht irren des Pöbels Geschrei,
   Nicht den Missbrauch rasender Toren.
Vor dem Sklaven, wenn er die Kette bricht,
Vor dem freien Menschen erzittert nicht.

Und die Tugend, sie ist kein leerer Schall,
  Der Mensch kann sie üben im Leben,
Und sollt er auch straucheln überall,
  Er kann nach der göttlichen streben,
Und was kein Verstand der Verständigen sieht,
Das übet in Einfalt ein kindlich Gemüt.

Und ein Gott ist, ein heiliger Wille lebt,
  Wie auch der menschliche wanke,
Hoch über der Zeit und dem Raume webt
  Lebendig der höchste Gedanke,
Und ob alles in ewigem Wechsel kreist,
Es beharret im Wechsel ein ruhiger Geist.

Die drei Worte bewahret euch, inhaltschwer,
  Sie pflanzet von Munde zu Munde,
Und stammen sie gleich nicht von außen her,
  Euer Innres gibt davon Kunde,
Dem Menschen ist nimmer sein Wert geraubt,
Solang er noch an die drei Worte glaubt.

Die Worte des Wahns

Drei Worte hört man bedeutungschwer
  Im Munde der Guten und Besten.
Sie schallen vergeblich, ihr Klang ist leer,
  Sie können nicht helfen und trösten.
Verscherzt ist dem Menschen des Lebens Frucht,
Solang er die Schatten zu haschen sucht.

Solang er glaubt an die goldene Zeit,
  Wo das Rechte, das Gute wird siegen, –

Das Rechte, das Gute führt ewig Streit,
  Nie wird der Feind ihm erliegen,
Und erstickst du ihn nicht in den Lüften frei,
Stets wächst ihm die Kraft auf der Erde neu.

Solang er glaubt, dass das buhlende Glück
  Sich dem Edeln vereinigen werde.
Dem Schlechten folgt es mit Liebesblick,
  Nicht dem Guten gehöret die Erde.
Er ist ein Fremdling, er wandert aus,
Und suchet ein unvergänglich Haus.

Solang er glaubt, dass dem ird'schen Verstand
  Die Wahrheit je wird erscheinen,
Ihren Schleier hebt keine sterbliche Hand,
  Wir können nur raten und meinen.
Du kerkerst den Geist in ein tönend Wort,
Doch der freie wandelt im Sturme fort.

Drum edle Seele, entreiß dich dem Wahn
  Und den himmlischen Glauben bewahre!
Was kein Ohr vernahm, was die Augen nicht sahn,
  Es ist dennoch das Schöne, das Wahre!
Es ist nicht draußen, da sucht es der Tor,
Es ist in dir, du bringst es ewig hervor.

Klage der Ceres

Ist der holde Lenz erschienen?
Hat die Erde sich verjüngt?
Die besonnten Hügel grünen,
Und des Eises Rinde springt.
Aus der Ströme blauem Spiegel

Lacht der unbewölkte Zeus,
Milder wehen Zephyrs Flügel,
Augen treibt das junge Reis.
In dem Hain erwachen Lieder,
Und die Oreade spricht:
Deine Blumen kehren wieder,
Deine Tochter kehret nicht.

Ach! wie lang ist's, dass ich walle
Suchend durch der Erde Flur,
Titan, deine Strahlen alle
Sandt' ich nach der teuren Spur,
Keiner hat mir noch verkündet
Von dem lieben Angesicht,
Und der Tag, der alles findet,
Die Verlorne fand er nicht.
Hast du Zeus! sie mir entrissen,
Hat, von ihrem Reiz gerührt,
Zu des Orkus schwarzen Flüssen
Pluto sie hinabgeführt?

Wer wird nach dem düstern Strande
Meines Grames Bote sein?
Ewig stößt der Kahn vom Lande,
Doch nur Schatten nimmt er ein.
Jedem sel'gen Aug' verschlossen
Bleibt das nächtliche Gefild',
Und solang der Styx geflossen,
Trug er kein lebendig Bild.
Nieder führen tausend Steige,
Keiner führt zum Tag zurück,
Ihre Tränen bringt kein Zeuge
Vor der bangen Mutter Blick.

Mütter, die aus Pyrrhas Stamme
Sterbliche geboren sind,

Dürfen durch des Grabes Flamme
Folgen dem geliebten Kind,
Nur was Jovis Haus bewohnet,
Nahet nicht dem dunkeln Strand,
Nur die Seligen verschonet,
Parzen, eure strenge Hand.
Stürzt mich in die Nacht der Nächte
Aus des Himmels goldnem Saal,
Ehret nicht der Göttin Rechte,
Ach! sie sind der Mutter Qual!

Wo sie mit dem finstern Gatten
Freudlos thronet, stieg ich hin,
Träte mit den leisen Schatten
Leise vor die Herrscherin.
Ach ihr Auge, feucht von Zähren,
Sucht umsonst das goldne Licht,
Irret nach entfernten Sphären,
Auf die Mutter fällt es nicht,
Bis die Freude sie entdecket,
Bis sich Brust mit Brust vereint,
Und zum Mitgefühl erwecket,
Selbst der rauhe Orkus weint.

Eitler Wunsch! Verlorne Klagen!
Ruhig in dem gleichen Gleis
Rollt des Tages sicher Wagen,
Ewig steht der Schluss des Zeus.
Weg von jenen Finsternissen
Wandt er sein beglücktes Haupt,
Einmal in die Nacht gerissen,
Bleibt sie ewig mir geraubt,
Bis des dunkeln Stromes Welle
Von Aurorens Farben glüht,
Iris mitten durch die Hölle
Ihren schönen Bogen zieht.

Ist mir nichts von ihr geblieben,
Nicht ein süß erinnernd Pfand,
Dass die Fernen sich noch lieben,
Keine Spur der teuren Hand?
Knüpfet sich kein Liebesknoten
Zwischen Kind und Mutter an?
Zwischen Lebenden und Toten
Ist kein Bündnis aufgetan?
Nein! Nicht ganz ist sie entflohen,
Nein! Wir sind nicht ganz getrennt!
Haben uns die ewig Hohen
Eine Sprache doch vergönnt!

Wenn des Frühlings Kinder sterben,
Wenn von Nordes kaltem Hauch
Blatt und Blume sich entfärben,
Traurig steht der nackte Strauch,
Nehm ich mir das höchste Leben
Aus Vertumnus' reichem Horn
Opfernd es dem Styx zu geben
Mir des Samens goldnes Korn.
Traurend senk ich's in die Erde,
Leg es an des Kindes Herz,
Dass es eine Sprache werde
Meiner Liebe, meinem Schmerz.

Führt der gleiche Tanz der Horen
Freudig nun den Lenz zurück,
Wird das Tote neu geboren
Von der Sonne Lebensblick!
Keime, die dem Auge starben
In der Erde kaltem Schoß,
In das heitre Reich der Farben
Ringen sie sich freudig los.
Wenn der Stamm zum Himmel eilet,
Sucht die Wurzel scheu die Nacht,

Gleich in ihre Pflege teilet
Sich des Styx, des Äthers Macht.

Halb berühren sie der Toten
Halb der Lebenden Gebiet,
Ach sie sind mir teure Boten
Süße Stimmen vom Kozyt!
Hält er gleich sie selbst verschlossen
In dem schauervollen Schlund,
Aus des Frühlings jungen Sprossen
Redet mir der holde Mund,
Dass auch fern vom goldnen Tage,
Wo die Schatten traurig ziehn,
Liebend noch der Busen schlage,
Zärtlich noch die Herzen glühn.

O so lasst euch froh begrüßen
Kinder der verjüngten Au,
Euer Kelch soll überfließen
Von des Nektars reinstem Tau.
Tauchen will ich euch in Strahlen,
Mit der Iris schönstem Licht
Will ich eure Blätter malen,
Gleich Aurorens Angesicht.
In des Lenzes heiterm Glanze
Lese jede zarte Brust,
In des Herbstes welkem Kranze
Meinen Schmerz und meine Lust.

Das Eleusische Fest

Windet zum Kranze die goldenen Ähren,
Flechtet euch blaue Cyanen hinein,
Freude soll jedes Auge verklären,
Denn die Königin ziehet ein,
Die Bezähmerin wilder Sitten,
Die den Menschen zum Menschen gesellt,
Und in friedliche feste Hütten
Wandelte das bewegliche Zelt.

Scheu in des Gebürges Klüften
Barg der Troglodyte sich,
Der Nomade ließ die Triften
Wüste liegen, wo er strich,
Mit dem Wurfspieß, mit dem Bogen
Schritt der Jäger durch das Land,
Weh' dem Fremdling, den die Wogen
Warfen an den Unglücksstrand!

Und auf ihrem Pfad begrüßte
Irrend nach des Kindes Spur,
Ceres die verlassne Küste,
Ach, da grünte keine Flur!
Dass sie hier vertraulich weile,
Ist kein Obdach ihr gewährt,
Keines Tempels heitre Säule
Zeuget, dass man Götter ehrt.

Keine Frucht der süßen Ähren
Lädt zum reinen Mahl sie ein,
Nur auf grässlichen Altären
Dorret menschliches Gebein.
Ja, so weit sie wandernd kreiste,
Fand sie Elend überall,
Und in ihrem großen Geiste
Jammert sie des Menschen Fall.

»Find ich so den Menschen wieder,
Dem wir unser Bild geliehn,
Dessen schöngestalte Glieder
Droben im Olympus blühn?
Gaben wir ihm zum Besitze
Nicht der Erde Götterschoß,
Und auf seinem Königsitze
Schweift er elend, heimatlos?

Fühlt kein Gott mit ihm Erbarmen,
Keiner aus der Sel'gen Chor
Hebet ihn mit Wunderarmen
Aus der tiefen Schmach empor?
In des Himmels sel'gen Höhen
Rühret sie nicht fremder Schmerz,
Doch der Menschheit Angst und Wehen
Fühlet mein gequältes Herz.

Dass der Mensch zum Menschen werde,
Stift' er einen ew'gen Bund
Gläubig mit der frommen Erde,
Seinem mütterlichen Grund,
Ehre das Gesetz der Zeiten
Und der Monde heil'gen Gang,
Welche still gemessen schreiten
Im melodischen Gesang.«

Und den Nebel teilt sie leise,
Der den Blicken sie verhüllt,
Plötzlich in der Wilden Kreise
Steht sie da, ein Götterbild.
Schwelgend bei dem Siegesmahle
Findet sie die rohe Schar,
Und die blutgefüllte Schale
Bringt man ihr zum Opfer dar.

Aber schaudernd, mit Entsetzen,
Wendet sie sich weg und spricht:
»Blut'ge Tigermahle netzen
Eines Gottes Lippen nicht.
Reine Opfer will er haben,
Früchte, die der Herbst beschert,
Mit des Feldes frommen Gaben
Wird der Heilige verehrt.«

Und sie nimmt die Wucht des Speeres
Aus des Jägers rauher Hand,
Mit dem Schaft des Mordgewehres
Furchet sie den leichten Sand,
Nimmt von ihres Kranzes Spitze
Einen Kern, mit Kraft gefüllt,
Senkt ihn in die zarte Ritze,
Und der Trieb des Keimes schwillt.

Und mit grünen Halmen schmücket
Sich der Boden alsobald,
Und so weit das Auge blicket
Wogt es wie ein goldner Wald.
Lächelnd segnet sie die Erde,
Flicht der ersten Garbe Bund,
Wählt den Feldstein sich zum Herde,
Und es spricht der Göttin Mund:

»Vater Zeus, der über alle
Götter herrscht in Äthers Höhn!
Dass dies Opfer dir gefalle,
Lass ein Zeichen jetzt geschehn!
Und dem unglücksel'gen Volke,
Das dich Hoher! noch nicht nennt,
Nimm hinweg des Auges Wolke,
Dass es seinen Gott erkennt!«

Und es hört der Schwester Flehen
Zeus auf seinem hohen Sitz,
Donnernd aus den blauen Höhen
Wirft er den gezackten Blitz.
Prasselnd fängt es an zu lohen,
Hebt sich wirbelnd vom Altar,
Und darüber schwebt in hohen
Kreisen sein geschwinder Aar.

Und gerührt zu der Herrscherin Füßen
Stürzt sich der Menge freudig Gewühl,
Und die rohen Seelen zerfließen
In der Menschlichkeit erstem Gefühl,
Werfen von sich die blutige Wehre,
Öffnen den düstergebundenen Sinn,
Und empfangen die göttliche Lehre
Aus dem Munde der Königin.

Und von ihren Thronen steigen
Alle Himmlischen herab,
Themis selber führt den Reigen,
Und mit dem gerechten Stab
Misst sie jedem seine Rechte,
Setzet selbst der Grenze Stein,
Und des Styx verborgne Mächte
Ladet sie zu Zeugen ein.

Und es kommt der Gott der Esse,
Zeus' erfindungsreicher Sohn,
Bildner künstlicher Gefäße,
Hochgelehrt in Erzt und Ton.
Und er lehrt die Kunst der Zange
Und der Blasebälge Zug,
Unter seines Hammers Zwange
Bildet sich zuerst der Pflug.

Und Minerva, hoch vor allen
Ragend mit gewicht'gem Speer,
Lässt die Stimme mächtig schallen
Und gebeut dem Götterheer.
Feste Mauren will sie gründen,
Jedem Schutz und Schirm zu sein,
Die zerstreute Welt zu binden
In vertraulichem Verein.

Und sie lenkt die Herrscherschritte
Durch des Feldes weiten Plan,
Und an ihres Fußes Tritte
Heftet sich der Grenzgott an,
Messend führt sie die Kette
Um des Hügels grünen Saum,
Auch des wilden Stromes Bette
Schließt sie in den heil'gen Raum.

Alle Nymphen, Oreaden,
Die der schnellen Artemis
Folgen auf des Berges Pfaden,
Schwingend ihren Jägerspieß,
Alle kommen, alle legen
Hände an, der Jubel schallt,
Und von ihrer Äxte Schlägen
Krachend stürzt der Fichtenwald.

Auch aus seiner grünen Welle
Steigt der schilfbekränzte Gott,
Wälzt den schweren Floß zur Stelle
Auf der Göttin Machtgebot,
Und die leichtgeschürzten Stunden
Fliegen ans Geschäft, gewandt,
Und die rauhen Stämme runden
Zierlich sich in ihrer Hand.

Auch den Meergott sieht man eilen,
Rasch mit des Tridentes Stoß,
Bricht er die granitnen Säulen
Aus dem Erdgerippe los,
Schwingt sie in gewalt'gen Händen
Hoch wie einen leichten Ball,
Und mit Hermes dem behenden
Türmet er der Mauren Wall.

Aber aus den goldnen Saiten
Lockt Apoll die Harmonie
Und das holde Maß der Zeiten
Und die Macht der Melodie.
Mit neunstimmigem Gesange
Fallen die Kamönen ein,
Leise nach des Liedes Klange
Füget sich der Stein zum Stein.

Und der Tore weite Flügel
Setzet mit erfahrner Hand
Cybele und fügt die Riegel
Und der Schlösser festes Band.
Schnell durch rasche Götterhände
Ist der Wunderbau vollbracht,
Und der Tempel heitre Wände
Glänzen schon in Festespracht.

Und mit einem Kranz von Myrten
Naht die Götterkönigin,
Und sie führt den schönsten Hirten
Zu der schönsten Hirtin hin.
Venus mit dem holden Knaben
Schmücket selbst das erste Paar,
Alle Götter bringen Gaben
Segnend den Vermählten dar.

Und die neuen Bürger ziehen,
Von der Götter sel'gem Chor
Eingeführt, mit Harmonieen
In das gastlich offne Tor,
Und das Priesteramt verwaltet
Ceres am Altar des Zeus,
Segnend ihre Hand gefaltet
Spricht sie zu des Volkes Kreis.

»Freiheit liebt das Tier der Wüste,
Frei im Äther herrscht der Gott,
Ihrer Brust gewalt'ge Lüste
Zähmet das Naturgebot,
Doch der Mensch, in ihrer Mitte,
Soll sich an den Menschen reihn,
Und allein durch seine Sitte
Kann er frei und mächtig sein.«

Windet zum Kranze die goldenen Ähren,
Flechtet auch blaue Cyanen hinein,
Freude soll jedes Auge verklären,
Denn die Königin ziehet ein,
Die uns die süße Heimat gegeben,
Die den Menschen zum Menschen gesellt,
Unser Gesang soll sie festlich erheben,
Die beglückende Mutter der Welt.

Die Künstler

Wie schön, o Mensch, mit deinem Palmenzweige
Stehst du an des Jahrhunderts Neige,
In edler stolzer Männlichkeit,
Mit aufgeschlossnem Sinn, mit Geistesfülle,

Voll milden Ernsts, in tatenreicher Stille,
Der reifste Sohn der Zeit,
Frei durch Vernunft, stark durch Gesetze
Durch Sanftmut groß, und reich durch Schätze,
Die lange Zeit dein Busen dir verschwieg,
Herr der Natur, die deine Fesseln liebet,
Die deine Kraft in tausend Kämpfen übet,
Und prangend unter dir aus der Verwildrung stieg!

Berauscht von dem errungnen Sieg,
Verlerne nicht die Hand zu preisen,
Die an des Lebens ödem Strand
Den weinenden verlassnen Waisen
Des wilden Zufalls Beute fand,
Die frühe schon der künft'gen Geisterwürde,
Dein junges Herz im Stillen zugekehrt,
Und die befleckende Begierde
Von deinem zarten Busen abgewehrt,
Die Gütige, die deine Jugend
In hohen Pflichten spielend unterwies
Und das Geheimnis der erhabnen Tugend
In leichten Rätseln dich erraten ließ,
Die, reifer nur ihn wieder zu empfangen,
In fremde Arme ihren Liebling gab,
O falle nicht mit ausgeartetem Verlangen
Zu ihren niedern Dienerinnen ab!
Im Fleiß kann dich die Biene meistern,
In der Geschicklichkeit ein Wurm dein Lehrer sein,
Dein Wissen teilest du mit vorgezognen Geistern,
Die Kunst, o Mensch, hast du allein.

Nur durch das Morgentor des Schönen
Drangst du in der Erkenntnis Land.
An höhern Glanz sich zu gewöhnen,
Übt sich am Reize der Verstand.
Was bei dem Saitenklang der Musen

Mit süßem Beben dich durchdrang,
Erzog die Kraft in deinem Busen,
Die sich dereinst zum Weltgeist schwang.

Was erst, nachdem Jahrtausende verflossen,
Die alternde Vernunft erfand,
Lag im Symbol des Schönen und des Großen
Voraus geoffenbart dem kindischen Verstand.
Ihr holdes Bild hieß uns die Tugend lieben,
Ein zarter Sinn hat vor dem Laster sich gesträubt,
Eh noch ein Solon das Gesetz geschrieben,
Das matte Blüten langsam treibt.
Eh vor des Denkers Geist der kühne
Begriff des ew'gen Raumes stand,
Wer sah hinauf zur Sternenbühne,
Der ihn nicht ahndend schon empfand?

Die, eine Glorie von Orionen
Ums Angesicht, in hehrer Majestät,
Nur angeschaut von reineren Dämonen
Verzehrend über Sternen geht,
Geflohn auf ihrem Sonnenthrone,
Die furchtbar herrliche Urania,
Mit abgelegter Feuerkrone,
Steht sie – als Schönheit vor uns da.
Der Anmut Gürtel umgewunden,
Wird sie zum Kind, dass Kinder sie verstehn,
Was wir als Schönheit hier empfunden,
Wird einst als Wahrheit uns entgegengehn.

Als der Erschaffende von seinem Angesichte
Den Menschen in die Sterblichkeit verwies,
Und eine späte Wiederkehr zum Lichte
Auf schwerem Sinnenpfad ihn finden hieß,
Als alle Himmlischen ihr Antlitz von ihm wandten,
Schloss sie, die Menschliche, allein

Mit dem Verlassenen Verbannten
Großmütig in die Sterblichkeit sich ein.
Hier schwebt sie, mit gesenktem Fluge,
Um ihren Liebling, nah am Sinnenland,
Und malt mit lieblichem Betruge
Elysium auf seine Kerkerwand.

Als in den weichen Armen dieser Amme
Die zarte Menschheit noch geruht,
Da schürte heil'ge Mordsucht keine Flamme,
Da rauchte kein unschuldig Blut.
Das Herz, das sie an sanften Banden lenket,
Verschmäht der Pflichten knechtisches Geleit;
Ihr Lichtpfad, schöner nur geschlungen, senket
Sich in die Sonnenbahn der Sittlichkeit.
Die ihrem keuschen Dienste leben
Versucht kein niedrer Trieb, bleicht kein Geschick;
Wie unter heilige Gewalt gegeben
Empfangen sie das reine Geisterleben,
Der Freiheit süßes Recht, zurück.

Glückselige, die sie – aus Millionen
Die reinsten – ihrem Dienst geweiht,
In deren Brust sie würdigte zu thronen,
Durch deren Mund die Mächtige gebeut,
Die sie auf ewig flammenden Altären
Erkor das heil'ge Feuer ihr zu nähren,
Vor deren Aug' allein sie hüllenlos erscheint,
Die sie in sanftem Bund um sich vereint!
Freut euch der ehrenvollen Stufe,
Worauf die hohe Ordnung euch gestellt!
In die erhabne Geisterwelt
Wart ihr der Menschheit erste Stufe!

Eh ihr das Gleichmaß in die Welt gebracht,
Dem alle Wesen freudig dienen –

Ein unermessner Bau, im schwarzen Flor der Nacht
Nächst um ihn her, mit mattem Strahl beschienen,
Ein streitendes Gestaltenheer,
Die seinen Sinn in Sklavenbanden hielten,
Und ungesellig, rauh wie er,
Mit tausend Kräften auf ihn zielten,
– So stand die Schöpfung vor dem Wilden.
Durch der Begierde blinde Fessel nur
An die Erscheinungen gebunden,
Entfloh ihm, ungenossen, unempfunden,
Die schöne Seele der Natur.

Und wie sie fliehend jetzt vorüberfuhr,
Ergriffet ihr die nachbarlichen Schatten
Mit zartem Sinn, mit stiller Hand,
Und lerntet in harmon'schem Band
Gesellig sie zusammengatten.
Leichtschwebend fühlte sich der Blick
Vom schlanken Wuchs der Zeder aufgezogen,
Gefällig strahlte der Krystall der Wogen
Die hüpfende Gestalt zurück.
Wie konntet ihr des schönen Winks verfehlen,
Womit euch die Natur hilfreich entgegenkam?
Die Kunst, den Schatten ihr nachahmend abzustehlen,
Wies euch das Bild, das auf der Woge schwamm.
Von ihrem Wesen abgeschieden,
Ihr eignes liebliches Phantom,
Warf sie sich in den Silberstrom,
Sich ihrem Räuber anzubieten.
Die schöne Bildkraft ward in eurem Busen wach.
Zu edel schon, nicht müßig zu empfangen,
Schuft ihr im Sand – im Ton den holden Schatten
nach,
Im Umriss ward sein Dasein aufgefangen.
Lebendig regte sich des Wirkens süße Lust –
Die erste Schöpfung trat aus eurer Brust.

Von der Betrachtung angehalten,
Von eurem Späheraug umstrickt,
Verrieten die vertraulichen Gestalten
Den Talisman, wodurch sie euch entzückt.
Die wunderwirkenden Gesetze,
Des Reizes ausgeforschte Schätze
Verknüpfte der erfindende Verstand
In leichtem Bund in Werken eurer Hand.
Der Obeliske stieg, die Pyramide,
Die Herme stand, die Säule sprang empor,
Des Waldes Melodie floss aus dem Haberrohr,
Und Siegestaten lebten in dem Liede.

Die Auswahl einer Blumenflur
Mit weiser Wahl in einen Strauß gebunden,
So trat die erste Kunst aus der Natur;
Jetzt werden Sträuße schon in einen Kranz
                               gewunden,
Und eine zweite höh're Kunst erstand
Aus Schöpfungen der Menschenhand.
Das Kind der Schönheit, sich allein genug,
Vollendet schon aus eurer Hand gegangen,
Verliert die Krone, die es trug,
Sobald es Wirklichkeit empfangen.
Die Säule muss, dem Gleichmaß untertan,
An ihre Schwestern nachbarlich sich schließen,
Der Held im Heldenheer zerfließen.
Des Mäoniden Harfe stimmt voran.

Bald drängten sich die staunenden Barbaren
Zu diesen neuen Schöpfungen heran.
Seht, riefen die erfreuten Scharen,
Seht an, das hat der Mensch getan!
In lustigen geselligeren Paaren
Riss sie des Sängers Leier nach,
Der von Titanen sang und Riesenschlachten,

Und Löwentötern, die, solang der Sänger sprach,
Aus seinen Hörern Helden machten.
Zum erstenmal genießt der Geist;
Erquickt von ruhigeren Freuden,
Die aus der Ferne nur ihn weiden,
Die seine Gier nicht in sein Wesen reißt,
Die im Genusse nicht verscheiden.

Jetzt wand sich von dem Sinnenschlafe
Die freie schöne Seele los,
Durch euch entfesselt, sprang der Sklave
Der Sorge in der Freude Schoß.
Jetzt fiel der Tierheit dumpfe Schranke,
Und Menschheit trat auf die entwölkte Stirn,
Und der erhabne Fremdling, der Gedanke,
Sprang aus dem staunenden Gehirn.
Jetzt stand der Mensch, und wies den Sternen
Das königliche Angesicht,
Schon dankte nach erhabnen Fernen
Sein sprechend Aug' dem Sonnenlicht.
Das Lächeln blühte auf der Wange,
Der Stimme seelenvolles Spiel
Entfaltete sich zum Gesange,
Im feuchten Auge schwamm Gefühl,
Und Scherz mit Huld in anmutsvollem Bunde
Entquollen dem beseelten Munde.

Begraben in des Wurmes Triebe,
Umschlungen von des Sinnes Lust,
Erkanntet ihr in seiner Brust
Den edlen Keim der Geisterliebe.
Dass von den Sinnes niederm Triebe
Der Liebe bessrer Keim sich schied,
Dankt er dem ersten Hirtenlied.
Geadelt zur Gedankenwürde
Floss die verschämtere Begierde

Melodisch aus des Sängers Mund.
Sanft glühten die betauten Wangen,
Das überlebende Verlangen
Verkündigte der Seelen Bund.

Der Weisen weisestes, der Milden Milde,
Der Starken Kraft, der Edeln Grazie,
Vermähltet ihr in Einem Bilde
Und stelltet es in eine Glorie.
Der Mensch erbebte vor dem Unbekannten,
Er liebte seinen Widerschein;
Und herrliche Heroen brannten
Dem großen Wesen gleich zu sein,
Den ersten Klang vom Urbild alles Schönen
Ihr ließet ihn in der Natur ertönen.

Der Leidenschaften wilden Drang,
Des Glückes regellose Spiele,
Der Pflichten und Instinkte Zwang
Stellt ihr mit prüfendem Gefühle,
Mit strengem Richtscheid nach dem Ziele.
Was die Natur auf ihrem großen Gange
In weiten Fernen auseinander zieht,
Wird auf dem Schauplatz, im Gesange
Der Ordnung leicht gefasstes Glied.
Vom Eumenidenchor geschrecket,
Zieht sich der Mord, auch nie entdecket,
Das Los des Todes aus dem Lied.
Lang, eh die Weisen ihren Ausspruch wagen,
Löst eine Ilias des Schicksals Rätselfragen
Der jugendlichen Vorwelt auf;
Still wandelte von Thespis' Wagen
Die Vorsicht in den Weltenlauf.

Doch in den großen Weltenlauf
Ward euer Ebenmaß zu früh getragen.

Als des Geschickes dunkle Hand,
Was sie vor eurem Auge schnürte,
Vor eurem Aug' nicht auseinander band,
Das Leben in die Tiefe schwand,
Eh es den schönen Kreis vollführte –
Da führtet ihr aus kühner Eigenmacht
Den Bogen weiter durch der Zukunft Nacht;
Da stürztet ihr euch ohne Beben
In des Avernus schwarzen Ozean,
Und trafet das entflohne Leben
Jenseits der Urne wieder an:
Da zeigte sich mit umgestürztem Lichte,
An Kastor angelehnt, ein blühend Polluxbild;
Der Schatten in des Mondes Angesichte,
Eh sich der schöne Silberkreis erfüllt.

Doch höher stets, zu immer höhern Höhen
Schwang sich der schaffende Genie.
Schon sieht man Schöpfungen aus Schöpfungen
                              erstehen,
Aus Harmonien Harmonie.
Was hier allein das trunkne Aug' entzückt,
Dient unterwürfig dort der höhern Schöne;
Der Reiz, der diese Nymphe schmückt,
Schmilzt sanft in eine göttliche Athene:
Die Kraft, die in des Ringers Muskel schwillt,
Muss in des Gottes Schönheit lieblich schweigen;
Das Staunen seiner Zeit, das stolze Jovisbild
Im Tempel zu Olympia sich neigen.

Die Welt, verwandelt durch den Fleiß,
Das Menschenherz, bewegt von neuen Trieben,
Die sich in heißen Kämpfen üben,
Erweitern euren Schöpfungskreis.
Der fortgeschrittne Mensch trägt auf erhobnen
                              Schwingen

Dankbar die Kunst mit sich empor,
Und neue Schönheitswelten springen
Aus der bereicherten Natur hervor.
Des Wissens Schranken gehen auf,
Der Geist, in euren leichten Siegen
Geübt mit schnell gezeitigtem Vergnügen
Ein künstlich All von Reizen zu durcheilen,
Stellt der Natur entlegenere Säulen,
Ereilet sie auf ihrem dunkeln Lauf.
Jetzt wägt er sie mit menschlichen Gewichten,
Misst sie mit Maßen, die sie ihm geliehn;
Verständlicher in seiner Schönheit Pflichten
Muss sie an seinem Aug' vorüberziehn,
In selbstgefäll'ger jugendlicher Freude
Leiht er den Sphären seine Harmonie,
Und preiset er das Weltgebäude,
So prangt es durch die Symmetrie.

In allem, was ihn jetzt umlebet,
Spricht ihn das holde Gleichmaß an.
Der Schönheit goldner Gürtel webet
Sich mild in seine Lebensbahn;
Die selige Vollendung schwebet
In euren Werken siegend ihm voran.
Wohin die laute Freude eilet,
Wohin der stille Kummer flieht,
Wo die Betrachtung denkend weilet,
Wo er des Elends Tränen sieht,
Wo tausend Schrecken auf ihn zielen,
Folgt ihm ein Harmonienbach,
Sieht er die Huldgöttinnen spielen
Und ringt in still verfeinerten Gefühlen
Der lieblichen Begleitung nach.
Sanft, wie des Reizes Linien sich winden,
Wie die Erscheinungen um ihn
In weichem Umriss ineinander schwinden,

Flieht seines Lebens leichter Hauch dahin.
Sein Geist zerrinnt im Harmonienmeere,
Das seine Sinne wollustreich umfließt,
Und der hinschmelzende Gedanke schließt
Sich still an die allgegenwärtige Cythere.
Mit dem Geschick in hoher Einigkeit,
Gelassen hingestützt auf Grazien und Musen,
Empfängt er das Geschoss, das ihn bedräut,
Mit freundlich dargebotnem Busen
Vom sanften Bogen der Notwendigkeit.

Vertraute Lieblinge der sel'gen Harmonie,
Erfreuende Begleiter durch das Leben,
Das Edelste, das Teuerste, was sie,
Die Leben gab, zum Leben uns gegeben!
Dass der entjochte Mensch jetzt seine Pflichten
        denkt,
Die Fessel liebet, die ihn lenkt,
Kein Zufall mehr mit ehrnem Zepter ihm gebeut,
Dies dankt euch – eure Ewigkeit,
Und ein erhabner Lohn in eurem Herzen.
Dass um den Kelch, worin uns Freiheit rinnt,
Der Freude Götter lustig scherzen,
Der holde Traum sich lieblich spinnt,
Dafür seid liebevoll umfangen!

Dem prangenden, dem heitern Geist,
Der die Notwendigkeit mit Grazie umzogen,
Der seinen Äther, seinen Sternenbogen
Mit Anmut uns bedienen heißt,
Der, wo er schreckt, noch durch Erhabenheit
         entzücket,
Und zum Verheeren selbst sich schmücket,
Dem großen Künstler ahmt ihr nach.
Wie auf dem spiegelhellen Bach
Die bunten Ufer tanzend schweben,

Das Abendrot, das Blütenfeld,
So schimmert auf dem dürft'gen Leben
Der Dichtung muntre Schattenwelt.
Ihr führet uns im Brautgewande
Die fürchterliche Unbekannte,
Die unerweichte Parze vor.
Wie eure Urnen die Gebeine,
Deckt ihr mit holdem Zauberscheine
Der Sorgen schauervollen Chor.
Jahrtausende hab ich durcheilet,
Der Vorwelt unabsehlich Reich:
Wie lacht die Menschheit, wo ihr weilet,
Wie traurig liegt sie hinter euch!

Die einst mit flüchtigem Gefieder
Voll Kraft aus euren Schöpferhänden stieg,
In eurem Arm fand sie sich wieder,
Als durch der Zeiten stillen Sieg
Des Lebens Blüte von der Wange,
Die Stärke von den Gliedern wich,
Und traurig, mit entnervtem Gange,
Der Greis an seinem Stabe schlich.
Da reichtet ihr aus frischer Quelle
Dem Lechzenden die Lebenswelle,
Zweimal verjüngte sich die Zeit,
Zweimal von Samen, die ihr ausgestreut.

Vertrieben von Barbarenheeren,
Entrisset ihr den letzten Opferbrand
Des Orients entheiligten Altären,
Und brachtet ihn dem Abendland.
Da stieg der schöne Flüchtling aus dem Osten,
Der junge Tag, im Westen neu empor,
Und auf Hesperiens Gefilden sprossten
Verjüngte Blüten Joniens hervor.
Die schönere Natur warf in die Seelen

Sanft spiegelnd einen schönen Widerschein,
Und prangend zog in die geschmückten Seelen
Des Lichtes große Göttin ein.
Da sah man Millionen Ketten fallen
Und über Sklaven sprach jetzt Menschenrecht,
Wie Brüder friedlich miteinander wallen,
So mild erwuchs das jüngere Geschlecht.
Mit innrer hoher Freudenfülle
Genießt ihr das gegebne Glück,
Und tretet in der Demut Hülle
Mit schweigendem Verdienst zurück.

Wenn auf des Denkens frei gegebnen Bahnen
Der Forscher jetzt mit kühnem Glücke schweift,
Und, trunken von siegrufenden Päanen,
Mit rascher Hand schon nach der Krone greift;
Wenn er mit niederm Söldnerslohne
Den edlen Führer zu entlassen glaubt;
Und neben dem geträumten Throne
Der Kunst den ersten Sklavenplatz erlaubt: –
Verzeiht ihm – der Vollendung Krone
Schwebt glänzend über eurem Haupt.
Mit euch, des Frühlings erster Pflanze,
Begann die seelenbildende Natur,
Mit euch, dem freud'gen Erntekranze,
Schließt die vollendende Natur.

Die von dem Ton, dem Stein bescheiden
                                    aufgestiegen,
Die schöpferische Kunst umschließt mit stillen
                                    Siegen
Des Geistes unermessnes Reich.
Was in des Wissens Land Entdecker nur ersiegen,
Entdecken sie, ersiegen sie für euch.
Der Schätze, die der Denker aufgehäufet,
Wird er in euren Armen erst sich freun,

Wenn seine Wissenschaft, der Schönheit zugereifet,
Zum Kunstwerk wird geadelt sein –
Wenn er auf einen Hügel mit euch steiget,
Und seinem Auge sich, in mildem Abendschein,
Das malerische Tal – auf einmal zeiget.
Je reicher ihr den schnellen Blick vergnüget,
Je höh're schönre Ordnungen der Geist
In einem Zauberbund durchflieget,
In einem schwelgenden Genuss umkreist;
Je weiter sich Gedanken und Gefühle
Dem üppigeren Harmonienspiele,
Dem reichern Strom der Schönheit aufgetan –
Je schönre Glieder aus dem Weltenplan,
Die jetzt verstümmelt seine Schöpfung schänden,
Sieht er die hohen Formen dann vollenden,
Je schönre Rätsel treten aus der Nacht,
Je reicher wird die Welt, die er umschließet,
Je breiter strömt das Meer, mit dem er fließet,
Je schwächer wird des Schicksals blinde Macht,
Je höher streben seine Triebe,
Je kleiner wird er selbst, je größer seine Liebe.
So führt ihn, in verborgnem Lauf,
Durch immer reinre Formen, reine Töne,
Durch immer höh're Höhn und immer schönre
                                    Schöne
Der Dichtung Blumenleiter still hinauf –
Zuletzt, am reifen Ziel der Zeiten,
Noch eine glückliche Begeisterung,
Des jüngsten Menschenalters Dichterschwung,
Und – in der Wahrheit Arme wird er gleiten.

Sie selbst, die sanfte Cypria,
Umleuchtet von der Feuerkrone
Steht dann vor ihrem münd'gen Sohne
Entschleiert – als Urania;

So schneller nur von ihm erhaschet,
Je schöner er von ihr geflohn!
So süß, so selig überraschet
Stand einst Ulyssens edler Sohn,
Da seiner Jugend himmlischer Gefährte
Zu Jovis Tochter sich verklärte.

Der Menschheit Würde ist in eure Hand gegeben,
Bewahret sie!
Sie sinkt mit euch! Mit euch wird sie sich heben!
Der Dichtung heilige Magie
Dient einem weisen Weltenplane,
Still lenke sie zum Ozeane
Der großen Harmonie!

Von ihrer Zeit verstoßen flüchte
Die ernste Wahrheit zum Gedichte,
Und finde Schutz in der Kamönen Chor.
In ihres Glanzes höchster Fülle,
Furchtbarer in des Reizes Hülle,
Erstehe sie in dem Gesange
Und räche sich mit Siegesklange
An des Verfolgers feigem Ohr.

Der freisten Mutter freie Söhne
Schwingt euch mit festem Angesicht
Zum Strahlensitz der höchsten Schöne,
Um andre Kronen buhlet nicht.
Die Schwester, die euch hier verschwunden,
Holt ihr im Schoß der Mutter ein;
Was schöne Seelen schön empfunden,
Muss trefflich und vollkommen sein.
Erhebet euch mit kühnem Flügel
Hoch über euren Zeitenlauf;
Fern dämmre schon in eurem Spiegel
Das kommende Jahrhundert auf.

Auf tausendfach verschlungnen Wegen
Der reichen Mannichfaltigkeit
Kommt dann umarmend euch entgegen
Am Thron der hohen Einigkeit.
Wie sich in sieben milden Strahlen
Der weiße Schimmer lieblich bricht,
Wie sieben Regenbogenstrahlen
Zerrinnen in das weiße Licht,
So spielt in tausendfacher Klarheit
Bezaubernd um den trunknen Blick,
So fließt in Einen Bund der Wahrheit,
In Einen Strom des Lichts zurück!

Das Ideal und das Leben

Ewigklar und spiegelrein und eben
Fließt das zephyrleichte Leben
Im Olymp den Seligen dahin.
Monde wechseln und Geschlechter fliehen,
Ihrer Götterjugend Rosen blühen
Wandellos im ewigen Ruin.
Zwischen Sinnenglück und Seelenfrieden
Bleibt dem Menschen nur die bange Wahl.
Auf der Stirn des hohen Uraniden
Leuchtet ihr vermählter Strahl.

Wollt ihr schon auf Erden Göttern gleichen,
Frei sein in des Todes Reichen,
Brechet nicht von seines Gartens Frucht.
An dem Scheine mag der Blick sich weiden,
Des Genusses wandelbare Freuden
Rächet schleunig der Begierde Flucht.

Selbst der Styx, der neunfach sie umwindet,
Wehrt die Rückkehr Ceres' Tochter nicht,
Nach dem Apfel greift sie und es bindet
Ewig sie des Orkus Pflicht.

Nur der Körper eignet jenen Mächten,
Die das dunkle Schicksal flechten,
Aber frei von jeder Zeitgewalt,
Die Gespielin seliger Naturen
Wandelt oben in des Lichtes Fluren,
Göttlich unter Göttern, die G e s t a l t.
Wollt ihr hoch auf ihren Flügeln schweben,
Werft die Angst des Irdischen von euch,
Fliehet aus dem engen dumpfen Leben
In des Ideales Reich!

Jugendlich, von allen Erdenmalen
Frei, in der Vollendung Strahlen
Schwebet hier der Menschheit Götterbild,
Wie des Lebens schweigende Phantome
Glänzend wandeln an dem styg'schen Strome,
Wie sie stand im himmlischen Gefild,
Ehe noch zum traur'gen Sarkophage
Die Unsterbliche herunterstieg.
Wenn im Leben noch des Kampfes Waage
Schwankt, erscheinet hier der Sieg.

Nicht vom Kampf die Glieder zu entstricken,
Den Erschöpften zu erquicken,
Wehet hier des Sieges duft'ger Kranz.
Mächtig, selbst wenn eure Sehnen ruhten,
Reißt das Leben euch in seine Fluten,
Euch die Zeit in ihren Wirbeltanz.
Aber sinkt des Mutes kühner Flügel
Bei der Schranken peinlichem Gefühl,

Dann erblicket von der Schönheit Hügel
Freudig das erflogne Ziel.

Wenn es gilt, zu herrschen und zu schirmen,
Kämpfer gegen Kämpfer stürmen
Auf des Glückes, auf des Ruhmes Bahn,
Da mag Kühnheit sich an Kraft zerschlagen,
Und mit krachendem Getös die Wagen
Sich vermengen auf bestäubtem Plan.
Mut allein kann hier den Dank erringen,
Der am Ziel des Hippodromes winkt,
Nur der Starke wird das Schicksal zwingen,
Wenn der Schwächling untersinkt.

Aber der, von Klippen eingeschlossen,
Wild und schäumend sich ergossen,
Sanft und eben rinnt des Lebens Fluss
Durch der Schönheit stille Schattenlande,
Und auf seiner Wellen Silberrande
Malt Aurora sich und Hesperus.
Aufgelöst in zärter Wechselliebe,
In der Anmut freiem Bund vereint,
Ruhen hier die ausgesöhnten Triebe,
Und verschwunden ist der Feind.

Wenn das Tote bildend zu beseelen,
Mit dem Stoff sich zu vermählen
Tatenvoll der Genius entbrennt,
Da, da spanne sich des Fleißes Nerve,
Und beharrlich ringend unterwerfe
Der Gedanke sich das Element.
Nur dem Ernst, den keine Mühe bleichet,
Rauscht der Wahrheit tief versteckter Born,
Nur des Meißels schwerem Schlag erweicht
Sich des Marmors sprödes Korn.

Aber dringt bis in der Schönheit Sphäre,
Und im Staube bleibt die Schwere
Mit dem Stoff, den sie beherrscht, zurück.
Nicht der Masse qualvoll abgerungen,
Schlank und leicht, wie aus dem Nichts gesprungen,
Steht das Bild vor dem entzückten Blick.
Alle Zweifel, alle Kämpfe schweigen
In des Sieges hoher Sicherheit,
Ausgestoßen hat es jeden Zeugen
Menschlicher Bedürftigkeit.

Wenn ihr in der Menschheit traur'ger Blöße
Steht vor des Gesetzes Größe,
Wenn dem Heiligen die Schuld sich naht,
Da erblasse vor der Wahrheit Strahle
Eure Tugend, vor dem Ideale
Fliehe mutlos die beschämte Tat.
Kein Erschaffner hat dies Ziel erflogen,
Über diesen grauenvollen Schlund
Trägt kein Nachen, keiner Brücke Bogen,
Und kein Anker findet Grund.

Aber flüchtet aus der Sinne Schranken
In die Freiheit der Gedanken,
Und die Furchterscheinung ist entflohn,
Und der ew'ge Abgrund wird sich füllen;
Nehmt die Gottheit auf in euern Willen,
Und sie steigt von ihrem Weltenthron.
Des Gesetzes strenge Fessel bindet
Nur den Sklavensinn, der es verschmäht,
Mit des Menschen Widerstand verschwindet
Auch des Gottes Majestät.

Wenn der Menschheit Leiden euch umfangen,
Wenn dort Priams Sohn der Schlangen
Sich erwehrt mit namenlosem Schmerz,

Da empöre sich der Mensch! Es schlage
An des Himmels Wölbung seine Klage,
Und zerreiße euer fühlend Herz!
Der Natur furchtbare Stimme siege,
Und der Freude Wange werde bleich,
Und der heil'gen Sympathie erliege
Das Unsterbliche in euch!

Aber in den heitern Regionen,
Wo die reinen Formen wohnen,
Rauscht des Jammers trüber Sturm nicht mehr.
Hier darf Schmerz die Seele nicht durchschneiden,
Keine Träne fließt hier mehr dem Leiden,
Nur des Geistes tapfrer Gegenwehr.
Lieblich wie der Iris Farbenfeuer
Auf der Donnerwolke duft'gem Tau,
Schimmert durch der Wehmut düstern Schleier
Hier der Ruhe heitres Blau.

Tief erniedrigt zu des Feigen Knechte
Ging in ewigem Gefechte
Einst Alcid des Lebens schwere Bahn,
Rang mit Hydern und umarmt' den Leuen,
Stürzte sich, die Freunde zu befreien,
Lebend in des Totenschiffers Kahn.
Alle Plagen, alle Erdenlasten
Wälzt der unversöhnten Göttin List
Auf die will'gen Schultern des Verhassten,
Bis sein Lauf geendigt ist –

Bis der Gott, des Irdischen entkleidet,
Flammend sich vom Menschen scheidet,
Und des Äthers leichte Lüfte trinkt.
Froh des neuen ungewohnten Schwebens
Fließt er aufwärts und des Erdenlebens
Schweres Traumbild sinkt und sinkt und sinkt.

Des Olympus Harmonien empfangen
Den Verklärten in Kronions Saal,
Und die Göttin mit den Rosenwangen
Reicht ihm lächelnd den Pokal.

Resignation

Auch ich war in Arkadien geboren,
    Auch mir hat die Natur
An meiner Wiege Freude zugeschworen,
Auch ich war in Arkadien geboren,
    Doch Tränen gab der kurze Lenz mir nur.

Des Lebens Mai blüht einmal und nicht wieder,
    Mir hat er abgeblüht.
Der stille Gott – o weinet meine Brüder –
Der stille Gott taucht meine Fackel nieder,
    Und die Erscheinung flieht.

Da steh ich schon auf deiner finstern Brücke
    Furchtbare Ewigkeit.
Empfange meinen Vollmachtbrief zum Glücke!
Ich bring ihn unerbrochen dir zurücke,
    Ich weiß nichts von Glückseligkeit.

Vor deinem Thron erheb ich meine Klage,
    Verhüllte Richterin.
Auf jenem Stern ging eine frohe Sage,
Du thronest hier mit des Gerichtes Waage
    Und nennest dich Vergelterin.

Hier, spricht man, warten Schrecken auf den Bösen,
    Und Freuden auf den Redlichen.

Des Herzens Krümmen werdest du entblößen,
Der Vorsicht Rätsel werdest du mir lösen,
  Und Rechnung halten mit dem Leidenden.

Hier öffne sich die Heimat dem Verbannten,
  Hier endige des Dulders Dornenbahn.
Ein Götterkind, das sie mir Wahrheit nannten,
Die meisten flohen, wenige nur kannten,
  Hielt meines Lebens raschen Zügel an.

»Ich zahle dir in einem andern Leben,
  Gib deine Jugend mir,
Nichts kann ich dir als diese Weisung geben.«
Ich nahm die Weisung auf das andre Leben,
  Und meiner Jugend Freuden gab ich ihr.

»Gib mir das Weib, so teuer deinem Herzen,
  Gib deine Laura mir.
Jenseits der Gräber wuchern deine Schmerzen.« –
Ich riss sie blutend aus dem wunden Herzen,
  Und weinte laut, und gab sie ihr.

»Die Schuldverschreibung lautet an die Toten«,
  Hohnlächelte die Welt,
»Die Lügnerin, gedungen von Despoten,
Hat für die Wahrheit Schatten dir geboten,
  Du bist nicht mehr, wenn dieser Schein verfällt.«

Frech witzelte das Schlangenheer der Spötter:
  »Vor einem Wahn, den nur Verjährung weiht,
Erzitterst du? Was sollen deine Götter,
Des kranken Weltplans schlau erdachte Retter,
  Die Menschenwitz des Menschen Notdurft leiht?

Was heißt die Zukunft, die uns Gräber decken?
  Die Ewigkeit, mit der du eitel prangst?

Ehrwürdig nur, weil Hüllen sie verstecken,
Der Riesenschatten unsrer eignen Schrecken
   Im hohlen Spiegel der Gewissensangst;

Ein Lügenbild lebendiger Gestalten,
   Die Mumie der Zeit
Vom Balsamgeist der Hoffnung in den kalten
Behausungen des Grabes hingehalten,
   Das nennt dein Fieberwahn Unsterblichkeit?

Für Hoffnungen – Verwesung straft sie Lügen –
   Gabst du gewisse Güter hin?
Sechstausend Jahre hat der Tod geschwiegen,
Kam je ein Leichnam aus der Gruft gestiegen,
   Der Meldung tat von der Vergelterin?« –

Ich sah die Zeit nach deinen Ufern fliegen,
   Die blühende Natur
Blieb hinter ihr, ein welker Leichnam, liegen,
Kein Toter kam aus seiner Gruft gestiegen,
   Und fest vertraut ich auf den Götterschwur.

All meine Freuden hab ich dir geschlachtet,
   Jetzt werf ich mich vor deinen Richterthron.
Der Menge Spott hab ich beherzt verachtet,
Nur deine Güter hab ich groß geachtet,
   Vergelterin, ich fodre meinen Lohn.

»Mit gleicher Liebe lieb ich meine Kinder«
   Rief unsichtbar ein Genius.
»Zwei Blumen«, rief er »– hört es Menschenkinder –
Zwei Blumen blühen für den weisen Finder,
   Sie heißen Hoffnung und Genuss.

Wer dieser Blumen Eine brach, begehre
   Die andre Schwester nicht.

Genieße wer nicht glauben kann. Die Lehre
Ist ewig wie die Welt. Wer glauben kann, entbehre.
    Die Weltgeschichte ist das Weltgericht.

Du hast gehofft, dein Lohn ist abgetragen,
    Dein Glaube war dein zugewognes Glück.
Du konntest deine Weisen fragen,
Was man von der Minute ausgeschlagen
    Gibt keine Ewigkeit zurück.«

Die Gunst
des Augenblicks

Und so finden wir uns wieder
    In dem heitern bunten Reihn,
Und es soll der Kranz der Lieder
    Frisch und grün geflochten sein.

Aber wem der Götter bringen
    Wir des Liedes ersten Zoll?
Ihn vor allen lasst uns singen,
    Der die Freude schaffen soll.

Denn was frommt es, dass mit Leben
    Ceres den Altar geschmückt?
Dass den Purpursaft der Reben
    Bacchus in die Schale drückt?

Zückt vom Himmel nicht der Funken,
    Der den Herd in Flammen setzt,
Ist der Geist nicht feuertrunken,
    Und das Herz bleibt unergetzt.

Aus den Wolken muss es fallen,
  Aus der Götter Schoß das Glück,
Und der mächtigste von allen
  Herrschern ist der Augenblick.

Von dem allerersten Werden
  Der unendlichen Natur,
Alles Göttliche auf Erden
  Ist ein Lichtgedanke nur.

Langsam in dem Lauf der Horen,
  Füget sich der Stein zum Stein,
Schnell wie es der Geist geboren
  Will das Werk empfunden sein.

Wie im hellen Sonnenblicke
  Sich ein Farbenteppich webt,
Wie auf ihrer bunten Brücke
  Iris durch den Himmel schwebt,

So ist jede schöne Gabe
  Flüchtig wie des Blitzes Schein,
Schnell in ihrem düstern Grabe
  Schließt die Nacht sie wieder ein.

Poesie des Lebens

An * * *

»Wer möchte sich an Schattenbildern weiden,
Die mit erborgtem Schein das Wesen überkleiden,
Mit trügrischem Besitz die Hoffnung hintergehn?
Entblößt muss ich die Wahrheit sehn.

Soll gleich mit meinem Wahn mein ganzer Himmel
                                        schwinden,
Soll gleich den freien Geist, den der erhabne Flug
Ins grenzenlose Reich der Möglichkeiten trug,
Die Gegenwart mit strengen Fesseln binden,
Er lernt sich selber überwinden,
Ihn wird das heilige Gebot
Der Pflicht, das furchtbare der Not
Nur desto unterwürf'ger finden,
Wer schon der Wahrheit milde Herrschaft scheut,
Wie trägt er die Notwendigkeit?« –

So rufst du aus und blickst, mein strenger Freund,
Aus der Erfahrung sicherm Porte,
Verwerfend hin auf alles, was nur scheint.
Erschreckt von deinem ernsten Worte
Entflieht der Liebesgötter Schar,
Der Musen Spiel verstummt, es ruhn der Horen
                                        Tänze,
Still traurend nehmen ihre Kränze
Die Schwestergöttinnen vom schön gelockten Haar,
Apoll zerbricht die goldne Leier,
Und Hermes seinen Wunderstab,
Des Traumes rosenfarbner Schleier
Fällt von des Lebens bleichem Antlitz ab,
Die Welt scheint was sie ist, ein Grab.
Von seinen Augen nimmt die zauberische Binde
Cytherens Sohn, die Liebe sieht,
Sie sieht in ihrem Götterkinde
Den Sterblichen, erschrickt und flieht,
Der Schönheit Jugendbild veraltet,
Auf deinen Lippen selbst erkaltet
Der Liebe Kuss und in der Freude Schwung
Ergreift dich die Versteinerung.

Sängers Abschied

Die Muse schweigt, mit jungfräulichen Wangen,
Erröten im verschämten Angesicht,
Tritt sie vor dich, ihr Urteil zu empfangen,
Sie achtet es, doch fürchtet sie es nicht.
Des Guten Beifall wünscht sie zu erlangen,
Den Wahrheit rührt, den Flimmer nicht besticht,
Nur wem ein Herz empfänglich für das Schöne
Im Busen schlägt, ist wert, dass er sie kröne.

Nicht länger wollen diese Lieder leben,
Als bis ihr Klang ein fühlend Herz erfreut,
Mit schönern Phantasieen es umgeben,
Zu höheren Gefühlen es geweiht;
Zur fernen Nachwelt wollen sie nicht schweben,
Sie tönten, sie verhallen in der Zeit.
Des Augenblickes Lust hat sie geboren,
Sie fliehen fort im leichten Tanz der Horen.

Der Lenz erwacht, auf den erwärmten Triften
Schießt frohes Leben jugendlich hervor,
Die Staude würzt die Luft mit Nektardüften,
Den Himmel füllt ein muntrer Sängerchor,
Und jung und alt ergeht sich in den Lüften,
Und freuet sich, und schwelgt mit Aug und Ohr.
Der Lenz entflieht! Die Blume schießt in Samen,
Und keine bleibt von allen, welche kamen.

———

Phantasie
an Laura

Meine Laura! Nenne mir den Wirbel
  Der an Körper Körper mächtig reißt,
Nenne, meine Laura, mir den Zauber,
  Der zum Geist monarchisch zwingt den Geist.

Sieh! er lehrt die schwebenden Planeten
  Ew'gen Ringgangs um die Sonne fliehn,
Und gleich Kindern um die Mutter hüpfend
  Bunte Zirkel um die Fürstin ziehn;

Durstig trinkt den goldnen Strahlenregen
  Jedes rollende Gestirn,
Trinkt aus ihrem Feuerkelch Erquickung
  Wie die Glieder Geister vom Gehirn.

Sonnenstäubchen paart mit Sonnenstäubchen
  Sich in trauter Harmonie,
Sphären ineinander lenkt die Liebe,
  Weltsysteme dauern nur durch sie.

Tilge sie vom Uhrwerk der Naturen –
  Trümmernd auseinander springt das All,
In das Chaos donnern eure Welten,
  Weint, Newtone, ihren Riesenfall!

Tilg die Göttin aus der Geister Orden,
  Sie erstarren in der Körper Tod,
Ohne Liebe kehrt kein Frühling wieder,
  Ohne Liebe preist kein Wesen Gott!

Und was ist's, das, wenn mich Laura küsset,
  Purpurflammen auf die Wangen geußt,

Meinem Herzen raschern Schwung gebietet,
  Fiebrisch wild mein Blut von hinnen reißt?

Aus den Schranken schwellen alle Sennen,
  Seine Ufer überwallt das Blut,
Körper will in Körper überstürzen,
  Lodern Seelen in vereinter Glut;

Gleich allmächtig wie dort in der toten
  Schöpfung ew'gen Federtrieb,
Herrscht im arachneischen Gewebe
  Der empfindenden Natur die Lieb'.

Siehe Laura, Fröhlichkeit umarmet
  Wilder Schmerzen Überschwung,
An der Hoffnung Liebesbrust erwarmet
  Starrende Verzweifelung.

Schwesterliche Wollust mildert
  Düstrer Schwermut Schauernacht,
Und entbunden von den goldnen Kindern,
  Strahlt das Auge Sonnenpracht.

Waltet nicht auch durch des Übels Reiche
  Fürchterliche Sympathie?
Mit der Hölle buhlen unsre Laster,
  Mit dem Himmel grollen sie.

Um die Sünde flechten Schlangenwirbel
  Scham und Reu', das Eumenidenpaar,
Um der Größe Adlerflügel windet
  Sich verrätrisch die Gefahr.

Mit dem Stolze pflegt der Sturz zu tändeln,
  Um das Glück zu klammern sich der Neid,

Ihrem Bruder Tode zuzuspringen
  Offnen Armes, Schwester Lüsternheit.

Mit der Liebe Flügel eilt die Zukunft
  In die Arme der Vergangenheit,
Lange sucht der fliehende Saturnus
  Seine Braut – die Ewigkeit.

Einst – so hör ich das Orakel sprechen, –
  Einsten hascht Saturn die Braut,
Weltenbrand wird Hochzeitfackel werden,
  Wenn mit Ewigkeit die Zeit sich traut.

Eine schönere Aurora rötet,
  Laura, dann auch unsrer Liebe sich,
Die so lang als jener Brautnacht dauert,
  Laura! Laura! freue dich!

Laura am Klavier

Wenn dein Finger durch die Saiten meistert –
Laura, itzt zur Statue entgeistert,
  Itzt entkörpert steh ich da.
Du gebietest über Tod und Leben,
Mächtig wie von tausend Nervgeweben
  Seelen fordert Philadelphia; –

Ehrerbietig leiser rauschen
Dann die Lüfte, dir zu lauschen
  Hingeschmiedet zum Gesang
  Stehn im ew'gen Wirbelgang,
Einzuziehn die Wonnefülle,
Lauschende Naturen stille,

Zauberin! mit Tönen, wie
Mich mit Blicken, zwingst du sie.

Seelenvolle Harmonieen wimmeln,
  Ein wollüstig Ungestüm,
Aus den Saiten, wie aus ihren Himmeln
  Neugeborne Seraphim;
Wie des Chaos Riesenarm entronnen,
Aufgejagt vom Schöpfungssturm die Sonnen
  Funkend fuhren aus der Finsternus,
  Strömt der goldne Saitenguss.

Lieblich itzt wie über bunten Kieseln
Silberhelle Fluten rieseln, –
  Majestätisch prächtig nun
  Wie des Donners Orgelton,
Stürmend von hinnen itzt wie sich von Felsen
Rauschende schäumende Gießbäche wälzen,
  Holdes Gesäusel bald,
    Schmeichlerisch linde,
  Wie durch den Espenwald
    Buhlende Winde,
Schwerer nun und melancholisch düster
Wie durch toter Wüsten Schauernachtgeflüster,
  Wo verlornes Heulen schweift,
  Tränenwellen der Kozytus schleift.

Mädchen sprich! Ich frage, gib mir Kunde:
Stehst mit höhern Geistern du im Bunde?
  Ist's die Sprache, lüg mir nicht,
  Die man in Elysen spricht?

Von dem Auge weg der Schleier!
  Starre Riegel von dem Ohr!
Mädchen! Ha! schon atm' ich freier,

Läutert mich ätherisch Feuer?
　　Tragen Wirbel mich empor? – –

Neuer Geister Sonnensitze
Winken durch zerrissner Himmel Ritze –
　　Überm Grabe Morgenrot!
Weg, ihr Spötter, mit Insektenwitze!
　　Weg! Es ist ein Gott – – – –

Elegie
auf den Tod eines Jünglings

Banges Stöhnen, wie vorm nahen Sturme,
　　Hallet her vom öden Trauerhaus,
Totentöne fallen von des Münsters Turme,
　　Einen Jüngling trägt man hier heraus:
Einen Jüngling – noch nicht reif zum Sarge,
　　In des Lebens Mai gepflückt,
Pochend mit der Jugend Nervenmarke
　　Mit der Flamme, die im Auge zückt;
Einen Sohn, die Wonne seiner Mutter,
　　(O das lehrt ihr jammernd Ach)
Meinen Busenfreund, Ach! meinen Bruder –
　　Auf! was Mensch heißt, folge nach!

Prahlt ihr Fichten, die ihr hoch veraltet
　　Stürmen stehet und den Donner neckt?
Und ihr Berge die ihr Himmel haltet,
　　Und ihr Himmel die ihr Sonnen hegt?
Prahlt der Greis noch, der auf stolzen Werken
　　Wie auf Wogen zur Vollendung steigt?

Prahlt der Held noch, der auf aufgewälzten
                        Tatenbergen
   In des Nachruhms Sonnentempel fleugt?
Wenn der Wurm schon naget in den Blüten:
   Wer ist Tor zu wähnen, dass er nie verdirbt?
Wer dort oben hofft noch und hienieden
   Auszudauern – wenn der Jüngling stirbt?

Lieblich hüpften, voll der Jugendfreude,
Seine Tage hin im Rosenkleide
   Und die Welt, die Welt war ihm so süß –
Und so freundlich, so bezaubernd winkte
Ihm die Zukunft, und so golden blinkte
   Ihm des Lebens Paradies;
Noch, als schon das Mutterauge tränte,
Unter ihm das Totenreich schon gähnte,
   Über ihm der Parzen Faden riss,
Erd und Himmel seinem Blick entsanken,
Floh er ängstlich vor dem Grabgedanken –
   Ach die Welt ist Sterbenden so süß.

Stumm und taub ist's in dem engen Hause
   Tief der Schlummer der Begrabenen;
Bruder! Ach in ewig tiefer Pause
   Feiern alle deine Hoffnungen;
Oft erwärmt die Sonne deinen Hügel,
   Ihre Glut empfindest du nicht mehr;
Seine Blumen wiegt des Westwinds Flügel,
   Sein Gelispel hörest du nicht mehr;
Liebe wird dein Auge nie vergolden,
   Nie umhalsen deine Braut wirst du,
Nie, wenn unsre Tränen stromweis rollten, –
   Ewig, ewig sinkt dein Auge zu.

Aber wohl dir! – köstlich ist dein Schlummer,
   Ruhig schläft sich's in dem engen Haus;

Mit der Freude stirbt hier auch der Kummer,
   Röcheln auch der Menschen Qualen aus.
Über dir mag die Verleumdung geifern,
   Die Verführung ihre Gifte spei'n,
Über dich der Pharisäer eifern,
   Fromme Mordsucht dich der Hölle weihn,
Gauner durch Apostel Masken schielen
   Und die Bastardtochter der Gerechtigkeit,
Wie mit Würfeln, so mit Menschen spielen,
   Und so fort bis hin zur Ewigkeit.

Über dir mag auch Fortuna gaukeln,
   Blind herum nach ihren Buhlen spähn,
Menschen bald auf schwanken Thronen
                   schaukeln,
   Bald herum in wüsten Pfützen drehn;
Wohl dir, wohl in deiner schmalen Zelle;
   Diesem komischtragischem Gewühl,
Dieser ungestümen Glückeswelle,
   Diesem possenhaften Lottospiel,
Diesem faulen fleißigen Gewimmel,
   Dieser arbeitsvollen Ruh,
Bruder! – diesem teufelvollen Himmel
   Schloss dein Auge sich auf ewig zu.

Fahr dann wohl, du Trauter unsrer Seele,
   Eingewiegt von unsern Segnungen,
Schlummre ruhig in der Grabeshöhle
   Schlummre ruhig bis auf Wiedersehn!
Bis auf diesen leichenvollen Hügeln
   Die allmächtige Posaune klingt,
Und nach aufgerissnen Todesriegeln
   Gottes Sturmwind diese Leichen in Bewegung
                   schwingt –
Bis befruchtet von Jehovas Hauche
   Gräber kreisen – auf sein mächtig Dräun

In zerschmelzender Planeten Rauche
  Ihren Raub die Grüfte wiederkäun –

Nicht in Welten, wie die Weisen träumen,
  Auch nicht in des Pöbels Paradies,
Nicht in Himmeln, wie die Dichter reimen, –
  Aber wir ereilen dich gewiss.
Dass es wahr sei, was den Pilger freute?
  Dass noch jenseits ein Gedanke sei?
Dass die Tugend übers Grab geleite?
  Dass es mehr denn eitle Phantasei? – –
Schon enthüllt sind dir die Rätsel alle!
  Wahrheit schlirft dein hochentzückter Geist,
Wahrheit, die in tausendfachem Strahle
  Von des großen Vaters Kelche fleußt –

Zieht dann hin, ihr schwarzen stummen Träger!
  Tischt auch den dem großen Würger auf!
Höret auf geheulergossne Kläger!
  Türmet auf ihm Staub auf Staub zuhauf.
Wo der Mensch der Gottes Ratschluss prüfte?
  Wo das Aug den Abgrund durchzuschaun?
Heilig! Heilig! Heilig! Bist du Gott der Grüfte,
  Wir verehren dich mit Graun!
Erde mag zurück in Erde stäuben,
  Fliegt der Geist doch aus dem morschen Haus!
Seine Asche mag der Sturmwind treiben,
  Seine Liebe dauert ewig aus!

Eine Leichenphantasie

(in Musik zu haben beim Herausgeber)

Mit erstorbnem Scheinen
Steht der Mond auf totenstillen Hainen,
Seufzend streicht der Nachtgeist durch
die Luft –
Nebelwolken schauern
Sterne trauern
Bleich herab, wie Lampen in der Gruft.
Gleich Gespenstern, stumm und hohl und hager
Zieht in schwarzem Totenpompe dort
Ein Gewimmel nach dem Leichenlager
Unterm Schauerflor der Grabnacht fort.

Zitternd an der Krücke
Wer mit düstern rückgesunknem Blicke
Ausgegossen in ein heulend Ach,
Schwer geneckt vom eisernen Geschicke
Schwankt dem stummgetragnen Sarge nach?
Floss es, Vater, von des Jünglings Lippe?
Nasse Schauer schauern fürchterlich
Durch sein gramgeschmolzenes Gerippe,
Seine Silberhaare bäumen sich. –

Aufgerissen seine Feuerwunde!
Durch die Seele Höllenschmerz!
Vater floss es von des Jünglings Munde,
Sohn gelispelt hat das Vaterherz.
Eiskalt, eiskalt liegt er hier im Tuche,
Und dein Traum so golden einst so süß!
Süß und golden Vater dir zum Fluche!
Eiskalt, eiskalt liegt er hier im Tuche!
Deine Wonne und dein Paradies. –

Mild, wie umweht von Elisiumslüften,
  Wie aus Auroras Umarmung geschlüpft,
Himmlisch umgürtet mit rosigten Düften,
  Florens Sohn über das Blumenfeld hüpft,
Flog er einher auf den lachenden Wiesen
  Nachgespiegelt von silberner Flut,
Wollustflammen entsprühten den Küssen,
  Jagten die Mädchen in liebende Glut.

Mutig sprang er im Gewühle der Menschen,
  Wie auf Gebirgen ein jugendlich Reh,
Himmelum flog er in schweifenden Wünschen,
  Hoch wie die Adler in wolkigter Höh',
Stolz wie die Rosse sich sträuben und schäumen,
  Werfen im Sturme die Mähnen umher,
Königlich wider den Zügel sich bäumen,
  Trat er vor Sklaven und Fürsten daher.

Heiter wie Frühlingstag schwand ihm das Leben,
  Floh ihm vorüber in Hesperus' Glanz,
Klagen ertränkt' er im Golde der Reben,
  Schmerzen verhüpft' er im wirbelnden Tanz.
Welten schliefen im herrlichen Jungen,
  Ha! wenn er einsten zum Manne gereift –
Freue dich Vater! – im herrlichen Jungen
  Wenn einst die schlafenden Keime gereift.

Nein doch Vater – Horch! die Kirchhoftüre brauset,
  Und die ehrnen Angel klirren auf –
Wie's hinein ins Grabgewölbe grauset! –
  Nein doch lass den Tränen ihren Lauf. –
Geh du holder, geh im Pfad der Sonne
  Freudig weiter der Vollendung zu,
Lösche nun den edeln Durst nach Wonne
  Gramentbundner, in Walhallas Ruh –

Wiedersehen – himmlischer Gedanke! –
  Wiedersehen dort an Edens Tor!
Horch! der Sarg versinkt mit dumpfigem
                                Geschwanke,
  Wimmernd schnurrt das Totenseil empor!
Da wir trunken umeinander rollten,
  Lippen schwiegen, und das Auge sprach –
Haltet! haltet! da wir boshaft grollten –
  Aber Tränen stürzten wärmer nach – –

Mit erstorbnem Scheinen
Steht der Mond auf totenstillen Hainen,
  Seufzend streicht der Nachtgeist durch die Luft.
    Nebelwolken schauern,
    Sterne trauern
  Bleich herab wie Lampen in der Gruft.
Dumpfig schollert's überm Sarg zum Hügel,
  O um Erdballs Schätze nur noch einen Blick!
Starr und ewig schließt des Grabes Riegel,
Dumpfer – dumpfer schollert's überm Sarg zum
                                Hügel,
  Nimmer gibt das Grab zurück.

Vorwurf

an Laura

Mädchen halt – wohin mit mir du Lose?
Bin ich noch der stolze Mann? der Große?
  Mädchen, war das schön?
Sieh! Der Riese schrumpft durch dich zum Zwerge,
Weggehaucht die aufgewälzten Berge
  Zu des Ruhmes Sonnenhöhn.

Abgepflücket hast du meine Blume,
Hast verblasen all die Glanzphantome
    Narrenteidigst in des Helden Raub.
Meiner Plane stolze Pyramiden
Trippelst du mit leichten Zephyrtritten
    Schäkernd in den Staub.

Zu der Gottheit flog ich Adlerpfade,
Lächelte Fortunens Gaukelrade,
    Unbesorgt wie ihre Kugel fiel.
Jenseits dem Kozytus wollt ich schweben,
Und empfange sklavisch Tod und Leben,
    Leben, Tod von einem Augenspiel.

Siegern gleich, die wach von Donnerlanzen
In des Ruhmes Eisenfluren tanzen
    Losgerissen von der Frynen Brust,
Wallet aus Aurorens Rosenbette
Gottes Sonne über Fürstenstädte
    Lacht die junge Welt in Lust!

Hüpft der Heldin noch dies Herz entgegen?
Trink ich, Adler, noch den Flammenregen
    Ihres Auges das vernichtend brennt?
In den Blicken die vernichtend blinken
Seh ich meine Laura L i e b e winken,
    Seh's, und weine wie ein Kind.

Meine Ruhe, gleich dem Sonnenbilde
In der Welle, wolkenlos und milde,
    Mädchen hast du hingemord't.
Schwindelnd schwank ich auf der gähen Höhe,
Laura? – wenn mich – wenn mich Laura flöhe?
    Und hinunterstrudelt mich das Wort.

Hell ertönt das Evoë der Zecher,
Freuden winken vom bekränzten Becher,
　　Scherze springen aus dem goldnen Wein.
Seit das Mädchen meinen Sinn beschworen,
Haben mich die Jünglinge verloren,
　　Freundlos irr ich und allein.

Lausch ich noch des Ruhmes Donnerglocken?
Reizt mich noch der Lorbeer in den Locken?
　　Deine Lei'r Apollo Zynthius?
Nimmer, nimmer widerhallt mein Busen,
Traurig fliehen die beschämten Musen,
　　Flieht Apollo Zynthius?

Will ich gar zum Weibe noch erlahmen?
Hüpfen noch bei Vaterlandes Namen
　　Meine Pulse lebend aus der Gruft?
Will ich noch nach Varus' Adler ringen?
Wünsch ich noch in Römerblut zu springen,
　　Wenn mein Hermann ruft? –

Köstlich ist's – der Schwindel starrer Augen,
Seiner Tempel Weihrauchduft zu saugen,
　　Stolzer, kühner schwillt die Brust. –
Kaum erbettelt itzt ein halbes Lächeln
Was in Flammen jeden Sinn zu fächeln
　　Zu empören jede Kraft gewusst. –

Dass mein Ruhm sich zum Orion schmiegte,
Hoch erhoben sich mein Name wiegte
　　In des Zeitstroms wogendem Gewühl.
Dass dereinst an meinem Monumente
Stolzer türmend nach dem Firmamente
　　Kronos Sense splitternd niederfiel –

Lächelst du? – Nein! nichts hab ich verloren!
Stern und Lorbeer neid ich nicht den Toren,
   Leichen ihre Marmor nie –
Alles hat die Liebe mir errungen,
Über Menschen hätt ich mich geschwungen,
   Itzo lieb ich sie!

Hymne
an den Unendlichen

Zwischen Himmel und Erd, hoch in der Lüfte
                  Meer,
In der Wiege des Sturms trägt mich ein Zackenfels,
    Wolken türmen
      Unter mir sich zu Stürmen,
Schwindelnd gaukelt der Blick umher
   Und ich denke dich, Ewiger.

Deinen schauernden Pomp borge dem Endlichen
Ungeheure Natur! Du der Unendlichkeit
     Riesentochter!
     Sei mir Spiegel Jehovas!
Seinen Gott dem vernünft'gen Wurm
   Orgle prächtig, Gewittersturm!

Horch! er orgelt – Den Fels wie er herunterdröhnt!
Brüllend spricht der Orkan Zebaoths Namen aus.
     Hingeschrieben
     Mit dem Griffel des Blitzes:
K r e a t u r e n ,   e r k e n n t   i h r   m i c h ?
   Schone, Herr! wir erkennen dich.

Die Größe der Welt

Die der schaffende Geist einst aus dem Chaos schlug,
Durch die schwebende Welt flieg ich des Windes Flug,
    Bis am Strande
    Ihrer Wogen ich lande.
Anker werf, wo kein Hauch mehr weht
Und der Markstein der Schöpfung steht.

Sterne sah ich bereits jugendlich auferstehn,
Tausendjährigen Gangs durchs Firmament zu gehn,
    Sah sie spielen
    Nach den lockenden Zielen,
Irrend suchte mein Blick umher,
Sah die Räume schon – sternenleer.

Anzufeuren den Flug weiter zum Reich des Nichts,
Steu'r ich mutiger fort, nehme den Flug des Lichts
    Neblicht trüber
    Himmel an mir vorüber
Weltsysteme, Fluten im Bach
Strudeln dem Sonnenwandrer nach.

Sieh, den einsamen Pfad wandelt ein Pilger mir
Rasch entgegen – »Halt an! Waller, was suchst du hier?«
    »Zum Gestade
    Seiner Welt meine Pfade!
Segle hin wo kein Hauch mehr weht,
Und der Markstein der Schöpfung steht!«

»Steh! du segelst umsonst – vor dir Unendlichkeit!«
»Steh! du segelst umsonst – Pilger auch hinter mir! –
    Senke nieder
    Adlergedank dein Gefieder,
Kühne Seglerin, Phantasie,
Wirf ein mutloses Anker hie.«

Die schlimmen Monarchen

Euren Preis erklimme meine Leier –
Erdengötter – die der süßen Feier
   Anadyomenens sanft nur klang;
Leiser um das pompende Getöse,
Schüchtern um die Purpurflammen eurer Größe
   Zittert der Gesang.

Redet! soll ich goldne Saiten schlagen,
Wenn vom Jubelruf emporgetragen
   Euer Wagen durch den Wahlplatz rauscht?
Wenn ihr, schlapp vom eisernen Umarmen,
Schwere Panzer mit den weichen Rosenarmen
   Eurer Phrynen tauscht? –

Soll vielleicht im Schimmer goldner Reifen,
Götter, euch die kühne Hymne greifen
   Wo in mystisch Dunkel eingemummt
Euer Spleen mit Donnerkeilen tändelt,
Mit Verbrechen eine Menschlichkeit
                     bemäntelt
   Bis – das Grab verstummt?

Sing ich Ruhe unter Diademen?
Soll ich, Fürsten, eure Träume rühmen? –
   Wenn der Wurm am Königsherzen zehrt
Weht der goldne Schlummer um den Mohren,
Der den Schatz bewacht an des Palastes Toren,
   Und – ihn nicht begehrt.

Zeig o Muse, wie mit Rudersklaven
Könige auf einem Polster schlafen,
   Die gelöschten Blitze freundlich tun,
Wo nun nimmer ihre Launen foltern,

Nimmer die Theaterminotaure poltern,
    Und – die Löwen ruhn.

Auf! Betaste mit dem Zaubersiegel,
Hekate, des Gruftgewölbes Riegel!
    Horch! die Flügel donnern jach zurück!
Wo des Todes Odem dumpfig säuselt,
Schauerluft die starren Locken aufwärts kräuselt,
    Sing ich – Fürstenglück. – –

Hier das Ufer? – Hier in diesen Grotten
Stranden eurer Wünsche stolze Flotten?
    Hier – wo eurer Größe Flut sich stößt?
Ewig nie dem Ruhme zu erwarmen,
Schmiedet hier die Nacht mit schwarzen
                                    Schauerarmen
    Potentaten fest.

Traurig funkelt auf dem Totenkasten
Eurer Kronen, der umperlten Lasten,
    Eurer Szepter undankbare Pracht.
Wie so schön man Moder übergoldet!
Doch nur Würmer werden mit dem Leib besoldet,
    Dem – die Welt gewacht.

Stolze Pflanzen in so niedern Beeten!
Seht doch! – wie mit welken Majestäten
    Garstig spaßt der unverschämte Tod!
Die durch Nord und Ost und West geboten –
Dulden sie des Unholds ekelhafte Zoten,
    Und – kein Sultan droht?

Springt doch auf, ihr störrige Verstummer,
Schüttelt ab den tausendpfund'gen Schlummer,
    Siegespauken trommeln aus der Schlacht,
Höret doch, wie hell die Zinken schmettern!

Wie des Volkes wilde Vivat euch vergöttern!
  Könige erwacht!

Siebenschläfer! – o so hört die hellen
Hörner klingen und die Doggen bellen!
  Tausendröhrigt knallt der Jagdenfeu'r;
Muntre Rosse wiehern nach dem Forste,
Blutig wälzt der Eber seine Stachelborste,
  Und – der Sieg ist eu'r!

Was ist das? – Auch Fürsten schweigen selber?
Neunfach durch die heulenden Gewölber
  Spottet mir ein schleifend Echo nach –
Hört doch nur den Kammerjunker düsseln:
Euch beehrt Madonna mit geheimen Schlüsseln
  In – ihr Schlafgemach.

Keine Antwort – Ernstlich ist die Stille –
Fällt denn auch auf Könige die Hülle,
  Die die Augen des Trabanten deckt? –
Und ihr fodert Anbetung in Asche,
Dass die blinde Metze Glück in eure Tasche
  Eine – Welt gesteckt?

Und ihr rasselt, Gottes Riesenpuppen,
Hoch daher in kindischstolzen Gruppen,
  Gleich dem Gaukler in dem Opernhaus? –
Pöbelteufel klatschen dem Geklimper,
Aber weinend zischen den erhabnen Stümper
  Seine Engel aus.

Ins Gebiet der leiseren Gedanken,
Würden – überwänden sie die Schranken –
  Schlangenwirbel eure Mäkler drehn;
Lernt doch, dass die euren zu entfalten,
Blicke, die auch Pharisäerlarven spalten,
  Von dem Himmel sehn.

Prägt ihr zwar – Hohn ihrem falschen Schalle! –
Euer Bild auf lügende Metalle,
    Schnödes Kupfer adelt ihr zu Gold –
Eure Juden schachern mit der Münze, –
Doch wie anders klingt sie über jener Grenze,
    Wo die Waage rollt!

Decken euch Seraile dann und Schlösser,
Wann des Himmels fürchterlicher Presser
    An des großen Pfundes Zinsen mahnt?
Ihr bezahlt den Bankerott der Jugend
Mit Gelübden, und mit lächerlicher Tugend,
    Die – Hanswurst erfand.

Berget immer die erhabne Schande
Mit des Majestätsrechts Nachtgewande!
    Bübelt aus des Thrones Hinterhalt.
Aber zittert für des Liedes Sprache,
Kühnlich durch den Purpur bohrt der Pfeil der
                                    Rache
    Fürstenherzen kalt.

———

Freigeisterei der Leidenschaft

Als Laura vermählt war im Jahr 1782

Nein – länger länger werd ich diesen Kampf nicht
                kämpfen,
  den Riesenkampf der Pflicht.
Kannst du des Herzens Flammentrieb nicht dämpfen,
  so fodre, Tugend, dieses Opfer nicht.

Geschworen hab ich's, ja, ich hab's geschworen,
  mich selbst zu bändigen.
Hier ist dein Kranz. Er sei auf ewig mir verloren,
  nimm ihn zurück, und lass mich sündigen.

Sieh, Göttin, mich zu deines Thrones Stufen,
  wo ich noch jüngst, ein frecher Beter, lag,
Mein übereilter Eid sei widerrufen,
  vernichtet sei der schreckliche Vertrag,

Den du im süßen Taumel einer warmen Stunde
  vom Träumenden erzwangst,
Mit meinem heißen Blut in unerlaubtem Bunde,
  betrügerisch aus meinem Busen rangst.

Wo sind die Feuer, die elektrisch mich durchwallten,
  und wo der starke kühne Talisman?
In jenem Wahnwitz will ich meinen Schwur dir halten,
  worin ich unbesonnen ihn getan.

Zerrissen sei, was du und ich bedungen haben,
  Sie liebt mich – deine Krone sei verscherzt.
Glückselig, wer in Wonnetrunkenheit begraben,
  so leicht wie ich, den tiefen Fall verschmerzt.

Sie sieht den Wurm an meiner Jugend Blume nagen,
  und meinen Lenz entflohn,

Bewundert still mein heldenmütiges Entsagen
  und großmutsvoll beschließt sie meinen Lohn.

Misstraue, schöne Seele, dieser Engelgüte!
  Dein Mitleid waffnet zum Verbrecher mich,
Gibt's in des Lebens unermesslichem Gebiete,
  gibt's einen andern schönern Lohn – als dich?

Als das Verbrechen, das ich ewig fliehen wollte?
  Entsetzliches Geschick!
Der einz'ge Lohn der meine Tugend krönen sollte,
  ist meiner Tugend letzter Augenblick.

Des wollustreichen Giftes voll – vergessen,
  vor wem ich zittern muss,
Wag ich es stumm, an meinen Busen sie zu pressen,
  auf ihren Lippen brennt mein erster Kuss,

Wie schnell auf sein allmächtig glühendes Berühren,
  wie schnell o Laura floss
Das dünne Siegel ab von übereilten Schwüren,
  sprang deiner Pflicht Tirannenkette los,

Jetzt schlug sie laut die heißerflehte Schäferstunde,
  jetzt dämmerte mein Glück –
Erhörung zitterte auf deinem brennenden Munde,
  Erhörung schwamm in deinem feuchten Blick,

Mir schauerte vor dem so nahen Glücke,
  und ich errang es nicht.
Vor deiner Gottheit taumelte mein Mut zurücke,
  ich Rasender! und ich errang es nicht!

Woher dies Zittern, dies unnennbare Entsetzen,
  wenn mich dein liebevoller Arm umschlang? –

Weil dich ein Eid, den auch schon Wallungen verletzen,
  in fremde Fesseln zwang?

Weil ein Gebrauch, den die Gesetze heilig prägen,
  des Zufalls schwere Missetat geweiht?
Nein – unerschrocken trotz ich einem Bund entgegen,
  den die errötende Natur bereut.

O zittre nicht! – du hast als Sünderin geschworen,
  ein Meineid ist der Reue fromme Pflicht.
Das Herz war mein, das du vor dem Altar verloren,
  mit Menschenfreuden spielt der Himmel nicht.

Zum Kampf auf die Vernichtung sei er vorgeladen,
  an den der feierliche Spruch dich band.
Die Vorsicht kann den überflüss'gen Geist entraten,
  für den sie keine Seligkeit erfand.

Getrennt von dir – warum bin ich geworden?
  Weil du bist, schuf mich Gott!
Er widerrufe, oder lerne Geister morden,
  und flüchte mich vor seines Wurmes Spott.

Sanftmütigster der fühlenden Dämonen,
  zum Wüterich verzerrt dich Menschenwahn?
Dich sollten meine Qualen nur belohnen,
  und diesen Nero beten Geister an?

Dich hätten sie als den Allguten mir gepriesen,
  als Vater mir gemalt?
So wucherst du mit deinen Paradiesen?
  Mit meinen Tränen machst du dich bezahlt?

Besticht man dich mit blutendem Entsagen?
  Durch eine Hölle nur

Kannst du zu deinem Himmel eine Brücke schlagen?
  Nur auf der Folter merkt dich die Natur?

O diesem Gott lasst unsre Tempel uns verschließen,
  kein Loblied fei're ihn,
Und keine Freudenträne soll ihm weiter fließen,
  er hat auf immer seinen Lohn dahin!

———

Anhang

Anmerkungen

Die vorliegende Sammlung enthält eine Auswahl von Gedichten nach der von Schiller 1804 geplanten Ausgabe letzter Hand (›Prachtausgabe‹) – siehe dazu das Nachwort – sowie acht Texte aus der »Anthologie auf das Jahr 1782« und das Gedicht *Freigeisterei der Leidenschaft* aus der »Thalia« von 1786. Die Texte folgen der Edition:

> Schillers Werke. Nationalausgabe. Bd. 2, Tl. I. [Ausgabe letzter Hand nach dem Plan der ›Prachtausgabe‹.] Hrsg. von Norbert Oellers. Weimar: Hermann Böhlaus Nachfolger, 1983. – Bd. 1. [»Anthologie auf das Jahr 1782«. – »Thalia«, 1786.] Hrsg. von Julius Petersen und Friedrich Beißner. Ebd. 1943. Unveränd. Nachdr. 1992.

Die Orthographie wurde auf der Grundlage der neuen amtlichen Rechtschreibregeln behutsam modernisiert; die Modernisierung besorgte der Verlag. Die Interpunktion folgt unverändert der Druckvorlage.

9 Das Mädchen aus der Fremde

Entstehung: Sommer 1796.

10 An die Freude

Entstehung: Sommer 1785.

 2 *Elisium:* Elysium.
 6 *Mode:* Zeitgeschmack.
21 *Ring:* Erdkreis.
22 *Simpathie:* Sympathie.
32 *Cherub:* Engel, Hüter des verlorenen Paradieses.
44 *Rohr:* Fernrohr.
78 *Römer:* Weinglas.

13 **Dithyrambe**

Entstehung: vermutlich Juli 1796.

[Titel] Dithyrambos war ein Beiname des Dionysos, die Dithyrambe ein altes griechisches Kultlied mit freier Metrik und Musik zum Preise des Gottes.

13 **Das Siegesfest**

Entstehung: Mai 1803.

1 *Priams Veste:* Pergamos, die Stadtburg von Troja.
6 *Hellespontos:* Straße der Dardanellen.
27f. *Pallas ... zertrümmert:* Pallas Athene stand auf der Seite der Griechen und war so maßgeblich am Untergang Trojas beteiligt.
40 *Skamanders:* Skamandros: Fluss bei Troja, heute Menderes genannt.
51f. *An ... sein:* Anspielung auf das Schicksal Agamemnons.
51 *häuslichen Altären:* In der Antike wurden als Schutzgottheiten Haus- und Familiengötter verehrt, deren Bild in einem Schrein auf dem Herd oder in einer kleinen Kapelle aufgestellt war.
55 *Ulyss:* Odysseus, nach der lat. Form *Ulixes*.
56 *Athenens:* Odysseus gehörte, seiner Klugheit wegen, zu den Schutzbefohlenen Athenes.
57f. *Glücklich ... bewahrt:* Anspielung auf Odysseus' Gattin Penelope.
61 *erkämpften Weibes:* Helena.
62 *Atrid:* Menelaos als Sohn des Atreus.
68 *des Chroniden Rat:* Chronide, besser Kronide, Zeus als Sohn des Kronos.
71f. *Rächet ... Händen:* Als Zeus Xenios war der Göttervater auch Beschützer des Gastrechts, das Paris im Hause des Menelaos gebrochen hatte.
74 *Oileus' ... Sohn:* Gemeint ist Aias.
80 *Thersites:* Der Überlieferung zufolge soll er von Achilleus nach dem Tod der Penthesilea erschlagen worden sein. In Sophokles' Tragödie *Philoktet* reagiert der Titelheld ähnlich wie hier Aias, als er von Neoptolemos hört, dass Patroklos gefallen sei, Thersites aber noch lebe.
85 *Ja ... Besten!:* So kommentiert auch Philoktet (in Sophokles' gleichnamiger Tragödie) die Nachricht vom Tod des Patroklos.

85–92 *Ja ... zuteil:* Es spricht Teukros über seinen Halbbruder, den ›großen‹ Aias; dieser galt nach Achilleus als der Tapferste der Griechen.

91 f. *Doch ... zuteil:* Nach Achilleus' Tod gerieten Odysseus und Aias in Streit um die Waffen des Gefallenen; mit kluger Beredsamkeit brachte es Odysseus dahin, dass ihm die Waffen zugesprochen wurden; Aias tötete sich darauf in wahnsinnigem Zorn selbst.

101–104 *Von ... noch:* Thetis hatte ihrem Sohn Achilleus ein zweifaches Schicksal vorhergesagt: die Heimkehr nach Griechenland bringe ihm ein langes Leben, doch verwelke sein Ruhm; bleibe er vor Troja, sei ihm ein kurzes Leben, aber ewiger Nachruhm beschieden.

109–116 *Wenn ... Ziel:* Diomedes, der Sohn des Tydeus, ragte nicht nur durch Tapferkeit, sondern auch durch Besonnenheit hervor; diese bewies er in der Begegnung mit dem Trojaner Glaukos, mit dem er gegenseitige Schonung im Felde vereinbarte, Freundschaft schloss und die Waffen tauschte, als er in ihm einen Freund der Familie aus Väterzeiten erkannte.

121–128 *Nestor ... Herz:* Der alte, weise Nestor war mit Diomedes einer der wenigen Griechen, die unversehrt nach Hause kamen.

133–140 *Denn ... festgebannt:* Es spricht wieder Nestor; er erzählt Hekabe – wie Achilleus in der Szene mit dem um Hektor trauernden Priamos – von Niobe, die um den Verlust ihrer Kinder vierzehn Tage lang klagte, aber doch Nahrung zu sich nahm.

146 *Seherin:* Kassandra.

152 *stät:* stetig, beständig.

153 *Reuters:* alte Form von Reiter.

18 Hektors Abschied

Entstehung: 1780. Erste Fassung, ohne Titel, in dem Stück *Die Räuber*; danach u. d. T. »Abschied Andromachas und Hektors« in: *Die Gesænge aus dem Schauspiel die Räuber von Friderich Schiller* [komponiert von Rudolf Zumsteeg], Mannheim [1782], S. 20–24.

Das Lied wird im Schauspiel von Amalia gesungen (vgl. II,2) und später von ihr und Karl Moor noch einmal aufgegriffen (vgl. IV,4). Es bezieht sich auf den Abschied zwischen Hektor und Andromache, wie er im 6. Gesang der *Ilias* geschildert ist.

3 *Patroklus:* Nachdem Patroklus von Hektor getötet worden war, griff Achilleus in den Kampf ein und rächte, viele Trojaner tötend, seinen Freund.
4 *deinen Kleinen:* Astyanax.
9 *Pergamus:* Burg von Troja.
17 *Kozytus:* griech. *Kokytos* ›Heulstrom‹.
22 *der Wilde:* Achilleus.

19 **Der Abend**

Entstehung: vermutlich September 1795.

5 *krystallner:* kristallner.
8 *Thetis:* Gemeint ist vermutlich nicht die Nereide Thetis, die Mutter des Achilleus, sondern Tethys, die Meeresgöttin, Gemahlin des Okeanos.

20 **Die Blumen**

Entstehung: erste Fassung wahrscheinlich 1781, zweite Fassung vermutlich 1799.

13 *Sylphiden:* weibliche Luftgeister, Elfen.
16 *Tochter der Dione:* Aphrodite.
17 *Pfühl:* nach lat. *pulnivus* / mhd. *phülwe* ›Polster, (Ruhe-)Kissen‹.
28 *der mächtigste der Götter:* Eros.

21 **Amalia**

Entstehung: 1780. Erstdruck in: *Die Räuber. Ein Schauspiel,* Frankfurt a. M. / Leipzig 1781, S. 112 (ohne Überschrift); danach u. d. T. »Amalia im Garten« in: *Die Gesænge aus dem Schauspiel die Räuber von Friderich Schiller* [komponiert von Rudolf Zumsteeg], Mannheim [1782], S. 15–19.

Das Lied wird im Schauspiel von Amalia gesungen (vgl. III,1).

1 *Walhallas:* Walhalla: Totenreich in der germanischen Mythologie.

22 Die Kindesmörderin

Entstehung: vermutlich Ende 1781.

14 *Paradieseskinder:* wohl Genitiv.
52 *kann?:* zu ergänzen wäre »rührte dich« o. Ä.
55 *Seine:* Fluss in Frankreich.
90 *Schatten:* Seele des getöteten Kindes.
94 *grasser:* schrecklicher, furchtbarer.

26 An die Freunde

Entstehung: wahrscheinlich Anfang 1802. Das Gedicht war für die Teilnehmer an dem von Goethe im November 1801 ins Leben gerufenen »Mittwochskränzchen« bestimmt; dieses traf sich alle vierzehn Tage in Goethes Haus.

1 *Lieben:* im 18. Jahrhundert noch häufiger gebrauchte schwache Form des Vokativs.
3 *ein edler Volk:* die Griechen.
13 *der weitgereiste Wandrer:* Unter den Teilnehmern des Kränzchens konnten etwa Goethe und Meyer als weitgereist gelten.
21–26 *Wohl ... Geld:* London als Metropole weltweiten Handelsverkehrs.
32 *Wohnt ... Engelspforten:* Die Engelspforte ist das Tor der seit dem 11./12. Jahrhundert so genannten Engelsburg in Rom mit der Statue des Erzengels Michael auf dem Dach, nach ihrer Erbauung in den Jahren 136–139 n. Chr. ursprünglich Grabstätte der römischen Kaiser.

28 Das Lied von der Glocke

Entstehung: Endfassung des Gedichts, an dem Schiller schon im Sommer 1797 arbeitete, in der zweiten Hälfte September 1799.

Schiller entnahm zahlreiche Details der Glockenguss-Beschreibung dem Artikel »Glocke« der *Oekonomisch-technologischen Encyklopädie* (Tl. 19, Berlin ²1788, S. 88–175) von Georg Krünitz.

[Motto] *Vivos ... frango:* (lat.) Die Lebenden rufe ich. Die Toten beklage ich. Die Blitze breche ich. – Krünitz zitiert die Inschrift der Münsterglocke von Schaffhausen aus dem Jahr 1486.

24 *Schwalch:* Öffnung zwischen Schürofen und Schmelzofen.

41–48 *Weiße ... schalle:* Dem weißschäumenden Metall wird Pott-
asche hinzugefügt, um die Vereinigung der Metalle zu befördern.

80–83 *Wie ... sein:* Das Bräunen der »Windpfeifen« (der Zug-
löcher im Ofen) ist ein Zeichen, dass das Metall richtig flüssig
ist.

152 *Gott ... Haus:* Als Benvenuto Cellini (1500–71) die Statue des
Perseus goss, fing seine Werkstatt Feuer.

153 *des Henkels Bogen:* Durch die Henkelbogen fließt das ge-
schmolzene Metall in die Form.

235–243 *Dem ... Los:* Zur biblischen Vorstellung von der Aufer-
stehung der Toten vgl. 1. Kor. 15,42.

252 *der schwarze Fürst:* Hades.

266–273 *Bis ... plagen:* Die gegossenen Glocken bleiben eine Nacht
in der Form; dann wird diese abgeschlagen.

342 *Der ... zerbrechen:* hier einsetzende Kritik an der Französischen Revolution.

362 *Freiheit und Gleichheit!:* »Liberté, égalité, fraternité« (›Freiheit, Gleichheit, Brüderlichkeit‹) lauteten die Ziele der Französischen Revolution.

365 *Würgerbanden:* Anspielung auf den Terror der Jakobiner.

373 *Leu:* Löwe.

386 *Von dem Helm zum Kranz:* Der Helm ist der oberste Teil der
Glocke, der Kranz der Teil mit dem größten Umfang.

405 *das bekränzte Jahr:* wohl Anspielung auf die Horen als Göttinnen der Jahreszeiten, die tanzend und mit Kränzen auf dem
Haar dargestellt wurden.

41 **Der Ring des Polykrates**

Entstehung: Juni 1797.

1 *Er:* Gemeint ist der Tyrann von Samos, Polykrates. Dieser
hatte sich um 538 v. Chr. zum Herrscher über die Insel Samos
im Ägäischen Meer gemacht. Um 523/522 wurde er von dem
persischen Satrapen Oroites umgebracht.

2 *vergnügten:* vergnügen: hier im Sinne von ›Genüge tun‹.

5 *Egyptens König:* Amasis, ein ägyptischer König der 26. Dy-
nastie (570–526 v. Chr.).

14 *Milet:* Stadt im westlichen Kleinasien an der Mündung des Mä-
ander.

21 *Polydor:* Von einem Feldherrn des Polykrates mit diesem Namen ist nichts überliefert.

41 *Bedräuen:* bedrohen.

58 f. *Doch ... sterben:* Das Ereignis ist von Schiller erfunden.

76 *Erinnen:* Die Erinnyen waren eigentlich Straf- und Rachegöttinnen; hier mögen sie ähnlich der Nemesis (als der Göttin des Maßes) gedacht sein.

44 Die Kraniche des Ibykus

Entstehung: August und September 1797.

1–3 *Zum Kampf ... vereint:* die Isthmischen Spiele.

4 *Ibykus:* Ibykos (um 576 – um 525 [?] v. Chr.) aus Rhegion, einer Stadt an der Südwestspitze Italiens, wirkte am Hof des Polykrates in Samos; er schrieb Bücher im dorischen Dialekt (u. a. Chorlyrik) und galt als Erfinder der Sambuka, eines zitherähnlichen Musikinstruments; Ibykos soll von Räubern ermordet worden sein.

8 *des Gottes:* Apollons.

10 *Akrokorinth:* die Burg von Korinth.

11 *Poseidons Fichtenhain:* Die Isthmischen Spiele wurden alle zwei Jahre zu Ehren des Poseidon abgehalten.

23 *der Gastliche:* Zeus, der u. a. den Beinamen Xenios (der Gastfreundliche) trug.

27 *gedrangem:* engem.

38 *unbeweint:* d. h. zugleich unbestattet.

54 *der Fichte Kranz:* als Siegeszeichen.

61 *Prytanen:* (griech.) Oberste; höchste obrigkeitliche Personen.

62 *fodert:* fordert.

63 *Manen:* (lat.) Seelen der Verstorbenen, auch deren Schutzgeister.

91 *Kekrops' Stadt:* Athen als Stadt des ersten attischen Königs.
Aulis: Hafenstadt in Böotien, von wo die griechische Flotte nach Troja aufbrach.

92 *Phokis:* griechische Landschaft westlich von Böotien (mit Delphi).

93 *Asiens:* das Gebiet des antiken Kleinasiens.

96 *Des Chores:* Das antike Drama erwuchs aus kultischen Festspielen anlässlich der Dionysien, bei denen feierliche Tänze von Chorliedern und Kithara- oder Flötenmusik begleitet wurden;

später kamen erläuternde Verse hinzu, dann die Wechselrede zwischen Chor und Schauspielern.

99 f. *Hervortritt … Rund:* Die Schilderung entspricht nicht »alter Sitte« (V. 97). Der antike Chor kam aus den seitlichen Zugängen zum Theater und betrat den Tanzplatz im Zentrum des Theaters vor der Bühne, der »Szene« (V. 182).

103 *Riesenmaß:* Eigentlich trugen die Schauspieler (nicht die Choreuten) den Kothurn, den hohen Schuh, der sie größer erscheinen ließ.

140 *Gottheit:* wohl die Nemesis, hier als Rache- und Strafgottheit.

173 *gerochen:* gerächt.

50 Damon und Pythias

Entstehung: August 1798. Erstdruck im *Musen-Almanach auf das Jahr 1799* u. d. T. »Die Bürgschaft«.

1 *Dionys:* Dionysios der Ältere (430–367 v. Chr.), seit 404 Tyrann von Syrakus auf Sizilien.

22 *gebeut:* Flexionsform von ›bieten‹ nach mhd. *biuten.*

71 *für:* vor.

82 *heilige:* heilig: hier wohl wie mhd. *heilec, heilic* ›Heil bringend‹.

103 *Philostratus:* Der Name ist frei gewählt.

120 *am Tor:* An den Stadttoren wurden öffentliche Angelegenheiten wie Rechtssachen verhandelt; hier war auch die Richtstätte.

139 f. *Ich … dritte:* Valerius Maximus schließt die Erzählung von Damon und Phintias (so lautet der Name hier) im Abschnitt »De amicitiae vinculo« (›Über die Bande der Freundschaft‹) im 4. Buch der *Factorum dictorumque memorabilium libri* (›Bücher denkwürdiger Ereignisse und Aussprüche‹ [Zweibrücken 1783]) sehr ähnlich.

54 Kassandra

Entstehung: zwischen Februar und Juli 1802.

Kassandra war eine der Töchter des trojanischen Königs Priamos. Von ihrer Wahrsagekunst und ihrem Verhältnis zu Apollon ist erst in nachhomerischer Zeit die Rede, bei den griechischen Tragikern und bei Vergil. Auch die Geschichte um Polyxene, Kassandras Schwester, ist späteren Ursprungs. Achilleus gefiel sie so gut, dass er Priamos Frieden anbot, wenn er sie zur Frau erhalte. Als es jedoch im Apollontempel zu Thymbra zur Unterhandlung kam, wurde Achilleus von Paris aus dem Hinterhalt getötet.

2 *die hohe Veste:* Pergamos, die Stadtburg Trojas.

7 *der herrliche Pelide:* Achilleus als Sohn des Peleus.

12 *Zu des Thymbriers Altar:* zum Tempel Apollons in Thymbra bei Troja; Apollon trug u. a. den Beinamen Thymbraeus.

33–36 *Eine ... Opferbrand:* Die Stelle spielt auf Sinon an, den betrügerischen Griechen, der die Trojaner überredete, das hölzerne Pferd in die Stadt zu schaffen; er erhielt von den im Hinterhalt lauernden Griechen durch eine Fackel das Zeichen zum Öffnen des Pferdes, und er war derjenige, der die ersten Brände in der Stadt legte.

39 *des Gottes:* Um wen es sich handelt, bleibt bewusst im Dunkeln.

48 *Pythischer:* Apollon.

91 *Hellenen:* Griechen.

92 *umfahn:* umfangen.

97–104 *»Und ... ihn«:* In Vergils Äneis ist Kassandra dem Koroebos verlobt; er eilt Priamos noch im brennenden Troja zu Hilfe und fällt, als er die mit Gewalt fortgeschleppte Kassandra retten will.

105 *Larven:* Gespenster, Schreckgestalten.

113–120 *»Und ... Land«:* Kassandra wird nach der Eroberung Trojas dem Agamemnon zugesprochen; nach ihrer Ankunft in Mykene werden beide von Klytaimnestra und Aigisthos umgebracht.

125 *Eris ... Schlangen:* Eris trug nach Vergil Schlangenhaare.

128 *Ilion:* Troja.

58 **Der Taucher**

Entstehung: Juni 1797.

7 *König:* Die Quellen geben nicht eindeutig Aufschluss darüber, wer gemeint ist. Meist wird davon ausgegangen, dass es sich um den Staufer Friedrich II. (1194–1250), seit 1198 König von Sizilien, handelt.

111 *Und ... schlief:* Gemeint ist: »Und obgleich es hier dem Ohre nie vernehmbar war [...]«.
117 *Klippenfisch:* Es ist unklar, welcher Fisch gemeint ist.
118 *Hammers:* Gemeint ist der Hammerhai.
123 *Larven:* lat. *larva* ›Gespenst, Maske‹; hier wohl auch ›Fratzen‹.

64 Der Handschuh

Entstehung: Juni 1797.

3 *König Franz:* Franz I. (1494–1547), seit 1515 König von Frankreich.
29 *Leu:* Löwe.
44 *Altans:* Altan: eine im Obergeschoss eines Gebäudes ins Freie geführte Plattform, die von Säulen oder Pfeilern gestützt wird.

66 Der Alpenjäger

Entstehung: Mitte 1804.

4 *Ranft:* Einfassung, Rand.
13 *warten:* sorgen für (mit Gen.).
24 *Gazelle:* Gemse. Ob Schiller den Namen des Reimes wegen wählte oder aus dem Wunsch, mit Hilfe des zerbrechlich wirkenden Tieres die Vorstellung bedrohter Ohnmacht verstärkt hervorzurufen, sei dahingestellt.
29 *verwogen:* verwegen; Neubildung des Partizips Praeteritum von mhd. *verwëgen* ›sich frisch entschließen; etwas aufs Spiel setzen‹.

69 Die Sänger der Vorwelt

Entstehung: vermutlich Oktober 1795.

1 *die Sänger:* In der Antike trugen umherziehende Rhapsoden ihre Dichtungen singend oder rezitierend vor.
5 *Lyra:* Leier.

70 **Der Tanz**

Entstehung: vermutlich zweite Hälfte Juni 1795.

8 *ätherischen:* zarten, durchscheinenden, himmlischen.

71 **Das Glück**

Entstehung: Ende Juli 1798.

25 f. *Wem ... Höhn:* Die Verse spielen auf Ganymed an.
25 *Vater:* eine der Homerischen Bezeichnungen für Zeus.
29 *Lorbeer:* Zeichen des Sieges.
   Binde: durch das Haar geflochtenes Band zum Zeichen herr-
   schaftlicher Gewalt.
31 *Phöbus, der pythische Sieger:* Apollon.
35 *Leu:* Löwe.
36 *beut:* bietet.
46 *Hellas:* (griech.) Griechenland.
48 *der Venus Geschenk:* der Gürtel der Venus, den die Göttin gibt
   und so Anmut und Liebreiz verleiht.
53 *der Gott:* Apollon als Gott der Künste.
64 *Eine ... Meer:* Aphrodite (lat. Venus) wurde nach Hesiod aus
   dem Schaum des Meeres geboren.
65 f. *Wie ... Lichts:* Athene (lat. Minerva) entsprang in voller Rüstung dem Haupt des Zeus.

74 **Der Genius**

Entstehung: August 1795.

1 *sprichst du:* Es spricht der Antwortende, der die an ihn gerich-
  tete Frage gewissermaßen selbst zitiert, bevor er sie beantwortet.
15 *die goldene Zeit:* Der Mythos vom Goldenen Zeitalter bezieht
   sich auf einen paradiesähnlichen Urzustand der menschlichen
   Gesellschaft, der durch äußeren Frieden und harmonische Ver-
   hältnisse im Innern gekennzeichnet ist.
20 *hüpfenden Punkt:* Das geflügelte Wort vom ›springenden Punkt‹
   (lat. *punctum saliens*) geht zurück auf die von Aristoteles in seiner *Tierkunde* (6,3) vertretene Auffassung, im Weißen des Vogel-

eis gebe es einen das Herz des werdenden Tieres markierenden Blutfleck; dieser Punkt hüpfe und springe wie ein Lebewesen.

25 *Profaner:* lat. *profanus* ›vor dem heiligen Bezirk liegend; ungeheiligt‹.

47 *Jenes Gesetz:* Anspielung auf den kategorischen Imperativ des Philosophen Immanuel Kant.

52 *gebeut:* s. Anm. zu 50,22.

76 Pompeji und Herkulanum

Entstehung: August 1796.

1 *trinkbare Quellen:* Pompeji und die Nachbarstadt Herculaneum wurden durch einen Ausbruch des Vesuvs im August des Jahres 79 n. Chr. unter Lava verschüttet. Die Wiederentdeckung geschah 1706: Arbeiter, die mit der Grabung eines Brunnens beauftragt worden waren, stießen auf die Lavaschicht.

5 *Griechen! Römer!:* Schiller nahm an, Pompeji sei eine römische, Herculaneum eine griechische Stadt.

6 *Herkules' Stadt:* Theben.

7 *Portikus:* (lat.) Säulengang, Säulenhalle.

10 *Sieben Mündungen:* Das Theater von Herculaneum hatte sieben Aufgänge.

11 f. *Das ... Chor:* Anspielung auf die Iphigenie-Geschichte.

12 *Atreus' Sohn:* Agamemnon.
   der grausende Chor: die Erinnyen.

13 *Forum:* Marktplatz, Gerichtsort.

14 *kurulischen Stuhl:* Die »sella curulis« war ein mit Elfenbein ausgeschlagener tragbarer Klappstuhl ohne Arm- und Rückenlehne, ein Amtssessel für Angehörige des Magistrats, den sie während ihrer Amtshandlungen benutzten.

15 f. *Traget ... ihn:* Dem Prätor, dem höchsten richterlichen Beamten, gingen Liktoren, Amtsdiener, voran, die »fasces« trugen, mit Rutenbündeln umwundene Beile.

17 f. *Reinliche ... hin:* Die Straßen von Pompeji waren mit Vesuvlava gepflastert und mit erhöhten Gehsteigen eingefasst.

19 f. *die zierlichen ... her:* Im römischen Haus waren die Zimmer um das Atrium, den Hof, herum gruppiert.

23 *die netten Bänke:* Bänke standen an den Wänden des Speisezimmers; auf ihnen wurden liegend die Mahlzeiten eingenommen.

24 *buntem Gestein:* Die Fußböden bestanden aus Marmor mit ein-
gelegten Mosaikarbeiten oder waren insgesamt als Mosaik gear-
beitet.

28 *Feston:* (frz.) Girlande; hier aus Blumen- und Fruchtgewinden.

31 *sie:* eine zweite Bacchantin.

33 *sie:* eine dritte Bacchantin.

34 *Thyrsus:* Thyrsusstäbe, die mit Efeu und Weinlaub umwunden
waren, trugen die Bacchantinnen im Gefolge des Dionysos.

36 *etrurischen Krug:* Etrurien: antike Landschaft im westlichen
Mittelitalien (Toskana), nach den Etruskern benannt; die Stadt
Aretium war für Keramik und Tonwaren bekannt.

37 *Dreifuß:* Auf dem Dreifuß wurde das Kochgeschirr über den
Herd gesetzt.

39 *Titus:* Titus Flavius Vespasianus (39–81 n. Chr.), römischer Kaiser von 79–81 n. Chr., also zur Zeit des Vulkanausbruchs.

44 *Pasten:* Nachbildungen und Abdrücke von Gemmen, Münzen,
Medaillen u. Ä. in farbigem Glasfluss.

47 *Museum:* griech. *museion*: Ort, der den Musen geweiht ist; Stu-
dierzimmer, Bibliothek.

48 *Schatz seltener Rollen:* Anspielung auf den Fund zahlreicher
Handschriftenrollen im Bibliothekszimmer eines Landhauses in
Herculaneum.

53 *Caduceus:* Heroldsstab des Hermes.
zierlich geschenkelte Hermes: Unter den aufgefundenen Bronze-
statuen galt ein sitzender Merkur (griech. Hermes) als besonders
schön.

54 *Und ... Hand:* Vermutlich dachte Schiller an die olympische Statue des Zeus von Phidias: Dort erhebt sich die geflügelte Siegesgöttin auf oder von dessen rechter Hand.

78 **Shakespears Schatten**

Entstehung: Sommer 1796.

1 f. *Endlich ... sehn:* Aus der früheren Fassung des Distichons
geht hervor, dass mit dem »Schatten« die Prosaübersetzung
William Shakespear's Schauspiele (Bd. 1–13, Zürich 1775–82)
von Johann Joachim Eschenburg gemeint ist.

3 f. *Ringsum ... ihn:* Anspielung auf die Shakespeare-Nachfolge,
vielleicht die »Shakespearomanie« der Stürmer und Dränger.

5 f. *Schauerlich ... Herz:* Die frühere Überschrift »Pure Manier«
stellt den Bezug zu Friedrich Schlegel her, der in einem auszugs-
weisen Vorabdruck seiner Abhandlung *Über das Studium der
Griechischen Poesie* in Reichardts Journal *Deutschland* (1796,
Bd. 2, S. 403) über Shakespeare geurteilt hatte: »Seine Darstel-
lung ist nie objektiv, sondern durchgängig m a n i e r i r t. – Unter M a n i e r verstehe ich in der Kunst eine individuelle Rich-
tung des Geistes und eine individuelle Stimmung der Sinnlichkeit, welche sich in Darstellungen, die idealisch seyn sollen,
äußern«.

7 f. *»Welche ... Grab!«:* vgl. *Odyssee* (11, V. 474–476); dort wird
die Frage von Achilleus gestellt.

9 f. *Wegen ... sehn:* Teiresias (Tiresias) ist hier Lessing, der mit seiner Neuinterpretation der Aristotelischen Poetik und Kritik am
französischen Drama der Nachfolge Shakespeares den Weg eb-
nete.

10 *Kothurn:* hoher Schuh von Schauspielern, um sie größer erscheinen zu lassen.

25 f. *Keines ... ist:* Die Charakteristik trifft neben dem bürgerlichen
Trauerspiel vor allem dessen trivialisierte Formen bei Schröder,
Iffland und Kotzebue.

27 f. *»Was ... mehr?«:* Die Namen sollen im Kontrast mit den im
folgenden Distichon genannten eine poetische Opposition sig-
nalisieren. Sie lassen sich auf das griechische und französische
Drama sowie auf Shakespeare und Goethe beziehen.

29 f. *Nichts ... Husarenmajors:* Figuren aus Dramen Ifflands, Kotzebues und Schröders.

33 *sie leihen auf Pfänder:* Bezieht sich auf Ifflands Lustspiel *Die
Hagestolzen.*

33 f. *stecken / Silberne Löffel ein:* vgl. *Der Fähndrich* von Schröder.

34 *wagen den Pranger:* vgl. Ifflands *Verbrechen aus Ehrsucht* und
Kotzebues *Kind der Liebe.*

80 **Die Geschlechter**

Entstehung: vermutlich Juli 1796.

Einzelne Distichen des Gedichts trugen in der ursprünglichen, in
Schreiberhand überlieferten Fassung folgende Überschriften: »Das
Kind« (V. 1–2); »Knabenalter« (V. 3–4); »Der Knabe« (V. 5–6); »Die

Geschlechter« (V. 7–8); »Jungfrau« (V. 9–10); »Nacht und Stille«
(V. 21–22); »Gesang« (V. 23–24); »Das Verlangen« (V. 25–26); »Des
Weibes« (V. 27–28); »Des Mannes« (V. 29–30); »Die Begegnung«
(V. 31–32).

82 Der Spaziergang

Entstehung: August und September 1795. Erstdruck in: *Die Horen*,
1795, 10. Stück, u. d. T. »Elegie«.

8 *engen Gespräch:* wohl Gespräch über Dinge des Alltags.

10 *energische:* griech. *energos* ›wirksam, fruchttragend, ergiebig‹.

13 *verbreitetem:* ausgebreitetem.

15 *mit zweifelndem Flügel:* Beispiel einer Enallage: Vertauschung
des Adjektivs, das hier zu »Schmetterling« gehört.

17 *Weste:* Westwinde.

21 *ambrosische:* Ambrosia: Speise der olympischen Götter, der
diese ihre Unsterblichkeit verdanken.

56 *das enge Gesetz:* die Naturgesetzlichkeit.

60 *fremdere:* Der Komparativ ist, wie gelegentlich auch bei Klop-
stock, im Sinne des lat. Elativs superlativisch zu verstehen:
ganz fremde.

61 *kaum noch:* eben noch.

82 *Hermes:* hier als Gott des Handels und der Kaufleute mit der
Schifffahrt in Verbindung gebracht.

89 *Weise … Toren:* Im (biblischen) Altertum wurden auf freien
Plätzen in der Nähe der Stadttore Rechtssachen verhandelt.

91 *Mauren:* Mauern.

97 f. »*Wanderer … befahl«:* Von Herodot wird ein dem griechischen Lyriker Simonides von Keos (um 556 – um 467 v. Chr.)
zugeschriebenes Epigramm als Grabschrift für die dreihundert
Spartaner überliefert, die unter Führung des Leonidas im Jahr
480 v. Chr. den Thermopylenpass zwischen dem Kallidromos-
gebirge und dem Golf von Lamia gegen eine persische Über-
macht verteidigten. Schillers Übersetzung geht auf die lateini-
sche Version des Spruches in Ciceros *Tusculanae disputationes*
(*Tusculanische Gespräche*; 1,101) zurück.

100 *Grünet … Saat:* Gemeint ist der Olivenbaum als Symbol des
Friedens.

102 *der bläulichte Gott:* Poseidon.

111 *Pilot:* Steuermann, Lotse.
117 *Stapel:* Stapelplatz, Warenlager.
119 *die äußerste Thule:* sagenhaftes Land, sechs Tagesfahrten nörd-
    lich von Britannien.
125 *ionischen Säulen:* Im Vergleich zur dorischen Säule ist die joni-
    sche schlanker und eleganter, zugleich aber weniger prunkvoll
    als die korinthische Säule.
126 *Pantheon:* Vorzustellen ist, mit Blick auf das römische Pan-
    theon, ein runder Kuppelbau, ein Tempel mit den Bildnissen
    der Götter rings umher.
129 f. *Aber ... Weise:* Anspielung auf den griechischen Mathema-
    tiker und Mechaniker Archimedes und dessen von Valerius
    Maximus überlieferten Spruch »Noli turbare circulos meos«
    (›Bringe nicht meine Kreise in Unordnung‹).
138 *dem tagenden Licht:* Metapher für die Aufklärung.
147 *des ... Sterne:* Das Sternbild des Wagens oder des Großen Bä-
    ren am nördlichen Sternhimmel ist während des ganzen Jahres
    im Norden sichtbar.
152 *Sykophant:* (griech.) ›Feigenangeber‹, einer, der denjenigen an-
    zeigte, der ohne Erlaubnis Feigen aus Attika ausführte; später
    allgemein Verleumder, Denunziant.
155 *feil:* käuflich, verkäuflich.
167 *Gebäu:* Bau.
168 *numidischen:* Numidien: in der Antike das Gebiet des östlichen
    Algerien, der Westteil der afrikanischen Mittelmeerküste.

90 **Nänie**

Entstehung: wahrscheinlich Ende November / Anfang Dezember
1799.

Naenia (oder Nenia) hieß in Rom das zur Flöte gesungene Klagelied bei einem Leichenzug. – Schillers Gedicht gehört inhaltlich und
formal zur elegischen Dichtart: als Klagelied über den Untergang
des Schönen im klassischen Versmaß der Elegie, in reimlosen Distichen.

   2 *stygischen Zeus:* Hades als Bruder des Zeus.
   3 f. *Einmal ... Geschenk:* Anspielung auf die Sage von Orpheus
     und Eurydike.
   5 *Knaben:* Adonis.

7 *Held:* Achilleus.
  Mutter: Thetis.
8 *am skäischen Tor:* am Westtor Trojas.
9 f. *Aber ... Sohn:* Von der Wehklage der Thetis und der Nereiden
  berichtet die *Odyssee* (vgl. 24, V. 47–64).

92 Am Antritt des neuen Jahrhunderts. An ***

Entstehung: wahrscheinlich Ende Mai / Anfang Juni 1801.

Das Gedicht bezieht sich auf den Jahreswechsel 1800/01. Zunächst
war Schiller der Ansicht gewesen, das 19. Jahrhundert beginne mit
dem Jahr 1800 (vgl. seine Briefe an Goethe vom 27. August 1799
und 1. Januar 1800), hatte dann jedoch seine Meinung geändert. –
Im Hintergrund stehen die politischen Ereignisse der jüngsten Vergangenheit, der zweite Koalitionskrieg unter Teilnahme Österreichs
gegen das napoleonische Frankreich 1798–1801, der zwischen
Frankreich und Österreich am 9. Februar 1801 mit dem Frieden von
Lunéville beendet wurde. Für die deutschen Fürsten bedeutete er
die De-jure-Abtretung des linken Rheinufers; dafür wurden die
Fürsten durch die Säkularisierung der geistlichen Herrschaften und
die Mediatisierung der Reichsstädte entschädigt.

3 f. *Das ... Mord:* Im Mai 1800 überschritt Napoleon mit seinen
  Truppen die Alpen und schlug am 14. Juni beim Dorf Marengo
  die Österreicher; auf deutschem Gebiet fiel bei Hohenlinden (in
  der Nähe Münchens) die Entscheidung am 3. Dezember, als ein
  österreichisches Heer von den Franzosen vernichtend geschlagen wurde. Am 23. März 1801 wurde der zur Verständigung mit
  Frankreich neigende Zar Paul I. ermordet.
5 f. *Und ... ein:* Der Friede von Lunéville beschleunigte den Zer-
  fall der politischen und rechtlichen Grundlagen des alten Römischen Reiches, der mit dem Reichsdeputationshauptschluss 1803
  besiegelt wurde, in dem eine territoriale Neuordnung Deutsch-
  lands vorgenommen wurde.
7 *Nicht ... Toben:* möglicherweise Anspielung auf den Kampf
  Englands um die holländischen Kolonien, auf den Konflikt zwischen Frankreich und den Vereinigten Staaten von Amerika.
8 *Nicht ... Rhein:* Anspielungen auf die Auseinandersetzung zwischen Frankreich und England in Ägypten um die Vormachtstel-
  lung im Mittelmeer, die mit dem Seesieg Admiral Nelsons bei

Abukir 1798 beendet wurde, und den Einmarsch französischer Truppen unter General Moreau in rechtsrheinisches Gebiet 1796.

9–12 *Zwo ... Blitz:* Gemeint sind Großbritannien und Frankreich. Der Dreizack, das Attribut des Poseidon, und der Blitz, den Zeus schleuderte, versinnbildlichen die militärische Macht zu Wasser und zu Lande.

13 *Gold ... wägen:* Anspielung auf die Kontributionsforderungen der Franzosen in den eroberten Gebieten.

14–16 *Und ... Gerechtigkeit:* Brennus war Heerführer der Gallier (hauptsächlich Senonen, ein keltischer Stamm), die (wahrscheinlich) 387 v. Chr. die Römer an der Allia schlugen und Rom eroberten; beim Abwiegen des Lösegeldes, das die Römer für seinen Abzug zu zahlen hatten, soll Brennus falsche Gewichte benutzt und, als die Römer protestierten, mit den Worten »Vae victis!« (»Wehe den Besiegten!«) sein Schwert in die Waagschale geworfen haben.

19f. *Und ... Haus:* Anspielung auf die Restriktionen der internationalen, auch der neutralen Schifffahrt durch England.

19 *Amphitrite:* die Gemahlin des Meergottes Poseidon.

21 *Zu ... Sternen:* vielleicht Anspielung auf den englischen Weltumsegler James Cook, der bei seiner zweiten Erdumseglung 1772–75 den südlichen Polarkreis überquerte.

25 *Ländercharten:* Landkarten.

93 **Die Götter Griechenlandes**

Entstehung: Frühjahr 1788.

8 *Amathusia:* Unter diesem Beinamen – nach ihrem Geburtsort Amathus (Amathunt; vgl. V. 40) auf Zypern – ist die Göttin hier Personifikation der Schönheit.

26 *Tantals Tochter:* Niobe.

36 *der Leto Sohn:* Apollon.

51 *des Isthmus kronenreichen Festen:* Gemeint sind die Isthmischen Spiele, die auf der Landenge von Korinth, der Verbindung zur Peloponnes, seit dem 7. Jahrhundert v. Chr. abgehalten wurden.

57 *Das ... Thyrsusschwinger:* »Evoe« war der Ruf der Begleiter des Dionysos; zu deren Attributen gehörten mit Efeu und Weinlaub umwundene, in einen Pinienzapfen auslaufende Thyrsusstäbe.

58 *Panther:* Sie gehören neben Stieren, Löwen und Leoparden zu den Tieren, in deren Gestalt Dionysos auftrat.

65 *Gerippe:* Vorstellung vom Tod als Skelett mit Stundenglas und Hippe (Sense).

68 *Seine Fackel senkt':* In der Antike wird der Tod zuweilen als Jüngling mit gesenkter Fackel dargestellt.

70 *Enkel einer Sterblichen:* Minos, Aiakos und Rhadamanthys waren Söhne des Zeus aus der Verbindung mit der Europa und der Aigina.

71 *Thrakers:* Orpheus.

77 *Linus:* Sohn des Apollon und der Muse Urania, schuf als Erster Rhythmen und Melodien.

79 *Seinen Freund:* Pylades.

83 f. *Großer Taten ... hinan:* Vor allem die Apotheose des Herakles wurde für Schiller zum Sinnbild für den Übergang des Menschlichen ins Göttliche.

85 *Wiederfoderer der Toten:* Herakles, der dem Thanatos die Alkestis abringt.

87 *Piloten:* vgl. Anm. zu 82,111.

88 *Zwillingspaar:* Kastor und Polydeukes als Beschützer der Seefahrer.

109 *Künstlers:* Gemeint ist der Schöpfergott.

111 *Gesetz der Schwere:* Gravitationsgesetz.

115 *Spindel:* Achse.

126 *Pindus:* Gebirge an der Grenze zwischen Epirus und Thessalien.

97 **Die Ideale**

Entstehung: Mitte August 1795.

5 *verweilen:* hier transitiv gebraucht.

34 *kreisend:* Ob »kreisen« oder »kreißen« gelesen werden soll, ist nicht völlig sicher. Für das Letztere spricht, dass Schiller ein sehr verwandtes Bild nur kurze Zeit später in der Schrift *Ueber die nothwendigen Grenzen beim Gebrauch schöner Formen*, die im 9. *Horen*-Stück 1795 erschien, verwendete.

45 *Äthers:* Himmels.

100 **Die Worte des Glaubens**

Entstehung: vielleicht schon Frühjahr 1797.

7 f. *Der Mensch ... geboren:* Die Verse variieren den Satz Rousseaus: »L'homme est né libre, & par-tout il est dans les fers« (›Der Mensch ist frei geboren, ist aber allenthalben in Ketten‹) (*Du contrat social* [1762], S. 2). Möglicherweise schließen sich die Verse aber auch an das Wort des Tempelherrn in Lessings *Nathan der Weise* (IV,4) an: »Es sind / Nicht alle frey, die ihrer Ketten spotten.«

11 f. *Vor dem Sklaven ... nicht:* Die Formulierung ist nicht so eindeutig wie das, was sie meint: Vor dem Sklaven, der sich selbst befreit, müsse man erzittern, nicht vor dem freien Menschen.

101 **Die Worte des Wahns**

Entstehung: vermutlich Winter 1799/1800.

7 *goldene Zeit:* vgl. Anm. zu 74,15.
11 f. *Und ... neu:* Anspielung auf den Riesen Antaios.
27 *Was ... sahn:* biblisch nach 1. Kor. 2,9.

102 **Klage der Ceres**

Entstehung: Anfang Juni 1796.

Das Gedicht greift die Geschichte von Ceres (griech. Demeter) und ihrer Tochter Proserpina (griech. Persephone) auf. Es klammert allerdings den letzten Teil der antiken Erzählung aus: Ceres ist ohne Hoffung, die Tochter wiederzusehen.

6 *Zeus:* metonymisch für: Himmel.
8 *Augen:* noch unentfaltete Seitenknospen.
15 *Titan:* Hier ist Helios, der Sonnengott, einer der Titanen, gemeint.
27 f. *Ewig ... ein:* Anspielung auf den Totenfährmann Charon in der Unterwelt.
41 *Jovis:* lateinischer Genitiv von Jupiter.

Entstehung: Ende August / Anfang September 1798.

Das Gedicht stellt sich als Lied zum »Eleusischen Fest« dar. In Eleusis, der Stadt an der Bucht des Saronischen Golfs in Attika, wurde Demeter (lat. Ceres) auf der Suche nach ihrer Tochter Persephone von König Keleos freundlich aufgenommen. Demeter wurde als »Mutter Erde« verehrt, als Göttin der Fruchtbarkeit und des Wachstums. Ihr zu Ehren wurden mehrere Feste gefeiert, u. a. in Attika und Eleusis die Mysterien der (Großen) Eleusinien, ein neuntägiges Fest im September, am sechsten Tage fand eine Prozession von Athen nach Eleusis statt, wo die Wiedervereinigung Demeters mit ihrer Tochter gefeiert wurde. Die Handlung des Gedichts, die Stadtgründung durch Demeter, ist frei erfunden.

2 *Cyanen:* lat. *cyanus,* botanischer Name der (blauen) Kornblume.

4 *Königin:* Demeter.

10 *Troglodyte:* in der antiken Ethnographie Bezeichnung für höhlenbewohnende Völkerschaften in Äthiopien.

11 *Triften:* Weiden.

12 *Wüste:* Öde, Sandmeer.

16 *Unglücksstrand:* Von den Taurern berichtet Herodot, sie hätten jeden Fremdling, der an ihre Küste verschlagen worden sei, der Artemis geopfert.

34 *unser Bild:* Von Prometheus erzählt Ovid, er habe Menschen nach dem Bild der Götter geformt.

42 *der Sel'gen Chor:* ›Selige‹ nannten die Griechen ihre Götter.

56 *Im melodischen Gesang:* Gemeint ist die nach pythagoreischer Anschauung durch die Bewegung der Planeten hervorgerufene ›Sphärenmusik‹.

90 *Äthers Höhn:* Himmelshöhen.

97–104 *Und ... Aar:* vgl. die Schilderung vom Opfer des Elias auf dem Berge Karmel (1. Kön. 18,36–39).

119 *des Styx verborgne Mächte:* die Gottheiten der Unterwelt: Hades und Persephone, die Totenrichter Minos, Rhadamanthys und Aiakos; auch die Erinnyen.

121 *Gott der Esse:* Hephaistos.

140 *Grenzgott:* Terminus.

154 *der schilfbekränzte Gott:* Griechen und Römer sahen in den Flüssen Gottheiten; die wichtigsten waren bei den Griechen

Acheloos, bei den Römern Tiberinus, der – wie andere auch –
mit schilfbedecktem Haupt dargestellt wurde.

157 *die leichtgeschürzten Stunden:* Die Horen als Göttinnen der
Jahreszeiten wurden, einen Reigen tanzend, in geschürzten
Kleidern dargestellt.

161 *Meergott:* Poseidon.

162 *Tridentes:* lat. *tridens* ›Dreizack‹, Attribut des Poseidon.

170 *Apoll:* Er nahm zusammen mit Poseidon an der Erbauung Trojas teil.

175 f. *Leise ... Stein:* Von Amphion, dem Sohn des Zeus und der
Antiope, wird erzählt, beim Bau der Stadt Theben hätten die
Steine sich nach dem Klang seiner Lyra von selbst zur Mauer
zusammengesetzt.

186 *Götterkönigin:* Hera als Gattin des Zeus und Beschützerin der
Ehe.

189 *Knaben:* Amor, hier, wie in hellenistischer Zeit, als Knabe vor-
gestellt.

113 **Die Künstler**

Entstehung: Oktober 1788 – Februar 1789.

1 *Palmenzweige:* Die Blätter der Palme galten als Sinnbild des
Sieges.

14 *die Hand:* Gemeint ist die Kunst, die erst in V. 33 erwähnt
wird.

43 *alternde:* im Sinn von: reifende.
erfand: im Sinn von: fand, erkannte.

45 *kindischen:* im Sinn von: kindlich, ohne pejorative Konnotation.

48 *Solon:* athenischer Politiker und Gesetzgeber (um 640 – nach
561 v. Chr.), einer der Sieben Weisen des Altertums.

54 *Orionen:* Orion, das besonders helle Sternbild, steht hier für
Sterne schlechthin.

56 *Dämonen:* (griech.) *daimon* ›Geist‹ (im guten und bösen Sinn).

58–60 *Gefloh'n ... Feuerkrone:* Möglicherweise dachte Schiller
hierbei an die Phaeton-Sage in Ovids *Metamorphosen.* Dort ist
vom Thron des Sonnengottes Phöbus die Rede, der von Sma-
ragden glänze (vgl. 2, V. 24), ebenso davon, dass Phöbus die
glänzenden Lichtstrahlen um sein Haupt vor seinem Sohn ab-
gelegt habe (2, V. 40 f.).

76 f. *Und ... Kerkerwand:* Schiller deutet hier Platons Höhlengleichnis aus dem 7. Buch der *Politeia* um. Bei Platon wurde den auf die Höhlenwand projizierten Schatten der Charakter des bloßen Scheins als Abbild des Wesens, der Idee, mithin ein minderer Grad an Wirklichkeit zugewiesen. Was demnach – erkenntnistheoretisch – eine Täuschung genannt werden könnte, versteht Schiller – unter ästhetischem Aspekt – als »lieblichen Betrug«.

80 *heil'ge Mordsucht:* Anspielung auf die Verfolgung Andersgläubiger durch die katholische Kirche, vor allem wohl auf deren spanische Inquisition.

87 *bleicht:* im Sinn von: lässt erbleichen, erschreckt.

102 *Menschheit:* im 18. Jahrhundert noch im Sinn der lateinischen *humanitas* ›menschliche Natur, menschliches Wesen, Menschlichkeit‹.

108 *Die:* bezieht sich auf Gestalten (vgl. V. 107).

135 f. *im Ton ... aufgefangen:* Angespielt wird auf die in Plinius' *Naturalis historia* (35,151) überlieferte Erzählung des korinthischen Töpfers Bytades, der in Ton den Schatten nachbildete, den seine Tochter von ihrem Geliebten im Lampenschein an der Wand umrissen hatte.

148 *Herme:* vierkantiger Pfeiler, nach oben in Kopf oder Oberkörper einer menschlichen Gestalt auslaufend, nicht nur des Hermes, von dem er seinen Namen erhielt, sondern auch anderer Götter.

149 *Haberrohr:* Hirtenflöte zum Nachahmen von Vogelstimmen.

164 *Mäoniden:* Homer als Sohn des Mäon; Mäonien ist ein alter Name für Lydien im antiken Kleinasien.

170 *des Sängers Leier:* Anspielung auf Orpheus als Leier- oder Kitharaspieler oder allgemein auf die antiken Rhapsoden.

172 *Löwentötern:* Zu ihnen gehört Herakles; eine seiner zwölf Arbeiten war die Tötung des Nemeischen Löwen.

185 f. *Und ... Gehirn:* Gedacht ist wohl an die Erzählung von der Geburt der Athene: Als Hephaistos dem Zeus das Haupt mit einer Axt spaltete, soll sie in voller Rüstung aus ihm hervorgesprungen sein.

186 *staunenden:* Nach Platon ist das Staunen, d. h. das Entdecken der Probleme, der Anfang aller Erkenntnis.

187–190 *Jetzt ... Sonnenlicht:* Die Stelle paraphrasiert Ovids *Metamorphosen* (1, V. 84–86).

208 *Das überlebende Verlangen:* Gemeint ist wohl das die unmittelbare sinnliche Befriedigung überdauernde Verlangen.

211 *Grazie:* Schiller verwendet den Begriff gleichbedeutend mit dem der ›Anmut‹.

229 *Vom ... geschrecket:* Es ist möglich, dass der Vers auf die Funktion des Chors in der Tragödie *Die Eumeniden* von Aischylos anspielt.

233 *Ilias:* Epos Homers.

235 *Thespis Wagen:* Nach Horaz ließ der attische Dichter Thespis (6. Jahrhundert v. Chr.) seine Stücke auf einem Karren spielen, mit dem er umherzog.

236 *Vorsicht:* Vorsehung.

264 *Jovisbild:* Jovis: vgl. Anm. zu 102,41.

278 *Stellt ... Säulen:* Gemeint ist: setzt der Natur(erkenntnis) immer weitere Grenzen. Zugrunde liegt die altgriechische Vorstellung von den Säulen des Herakles, die als Grenzpunkte des Erdkreises galten.

280–287 *Jetzt ... Symmetrie:* Die Verse beschreiben die Abhängigkeit der Naturerkenntnis vom menschlichen Bewusstsein und dessen Prinzipien (»Gewichte«, »Maße«, »Harmonie«).

285 *Leiht ... Harmonie:* Nach Ansicht der Pythagoreer im 5. Jahrhundert v. Chr. bestimmen Zahlen und Zahlenverhältnisse das Wesen der Dinge und die Harmonie des Kosmos. Die kreisende Bewegung der in harmonischen Abständen um die Erde angeordneten Himmelskörper erzeugt ihrer Meinung nach die sogenannte »Sphärenmusik«.

300 *Huldgöttinnen:* Grazien.

315 *sanften ... Notwendigkeit:* Das Bild erinnert an die Pfeile des Apollon und der Diana, die nach Homer einen schnellen und sanften Tod verursachen.

322 *gebeut:* vgl. Anm. zu 50,22.

331 *Äther:* hier: der ›helle Tag‹, im Gegensatz zum Sternenbogen der Nacht.

343 *Die unerweichte Parze:* wohl Atropos, die den Lebensfaden durchtrennt.

357 *mit entnervtem Gange:* »Nerv« in der Bedeutung ›Band, Sehne, Muskel‹; gemeint ist also: mit kraftlosem Gange.

361 *Zweimal ... Zeit:* in der Antike und während der Renaissance.

363–366 *Vertrieben ... Abendland:* Nach der Eroberung Konstantinopels durch den türkischen Sultan Mohammed II. (1432–81) im Jahr 1453 suchten viele griechische Künstler und Gelehrte Zuflucht in Italien und belebten dort die Neubeschäftigung mit griechischer Kunst und Kultur.

369 *Hesperiens:* Hesperien war nach antiker Vorstellung der westliche Teil der Welt, das Abendland, von Griechenland aus betrachtet Italien.

370 *Joniens:* hier: Griechenland.

374 *Des Lichtes große Göttin:* die Aufklärung.

385 *Päanen:* (Chor-)Lieder (ursprünglich) an Apollon, der den Beinamen Paian trug und als Nothelfer und Heilgott angerufen wurde; später im allgemeineren Sinn Gesänge in und nach der Schlacht, auch nach überstandenen Gefahren.

404 *Wissenschaft:* im Sinne von: Wissen.

408 *auf einmal:* Gemeint ist: als Ganzes; dies macht das Wesen des Kunstwerks im Unterschied zu wissenschaftlicher Erkenntnis aus.

409 *vergnüget:* vergnügen: hier: im Sinne von: Genüge tun.

416 *Je:* hier und in den folgenden Versen im Sinne von: um so.

439–442 *So süß … verkläret:* In Homers *Odyssee* erscheint Jupiters Tochter Athene dem Telemachos, dem Sohn des Odysseus, in Gestalt Mentors als Ratgeber und Helfer; als dieser wie ein Vogel durch den Kamin davonschwebt, ahnt Telemachos den Gott.

462 *Schwester:* Gemeint ist, im Zusammenhang der Venus-Allegorie, die Wahrheit als Schwester der Schönheit.

128 **Das Ideal und das Leben**

Entstehung: Juli und August 1795.

9 *Uraniden:* Zeus als Enkel des Uranos.

18 *Ceres Tochter:* Persephone (lat. Proserpina).

21 *jenen Mächten:* Gemeint sind die Moiren (lat. Parzen).

26 *Gestalt:* Opposition zu »Körper« (V. 21).

28 *Angst:* Enge, Not, Bedrückung.

34 *Phantome:* hier: die Seelen auf den elysischen Gefilden in der Unterwelt.

42 *Den … erquicken:* Am Anfang ist »sondern« zu ergänzen.

48 *peinlichem:* schmerzvollem, schmerzlichem.

56 *Plan:* ebener Platz; Kampfplatz.

58 *Hippodromes:* (griech.) Hippodrom: Rennbahn für Pferde und Pferdewagen.

74 *Nerve:* hier in der Bedeutung von ›Band, Sehne, Muskel‹.

77 *bleichet:* im Sinn von: erschreckt, erbleichen lässt.

78 *Born:* Quelle.

92 *Gesetzes:* Gemeint ist das Sittengesetz, von Immanuel Kant in den verschiedenen Fassungen des kategorischen Imperativs formuliert.

105–110 *Nehmt ... Majestät:* Die Verse beschreiben, worin Schiller sich von der seiner Meinung nach rigoristischen Moralphilosophie Kants unterscheidet: im Glauben an die Vereinigung von Pflicht und Neigung.

112 *Priams Sohn:* Laokoon ist gemeint, der aber kein Sohn des Priamos war. Auch im Erstdruck heißt es »Priams Sohn«, doch hatte Schiller im 12. Stück der *Horen* 1795 die Korrektur zu »Laokoon« vorgenommen. Durch ein Versehen (zunächst des Abschreibers, dann Schillers) blieb der Fehler in der Fassung der *Gedichte* erhalten.

131–150 *Tief ... Pokal:* Die Schlussstrophen greifen den antiken Herakles-Mythos auf. Hier ist der Einfluss von Winckelmanns Beschreibung des Torso von Belvedere zu vermuten: Dieser Torso stelle, so Winckelmann, Herakles nach dessen Aufnahme in den Olymp dar, also in seiner vergöttlichten Gestalt.

134 *Leuen:* Löwen.

135 f. *Stürzte ... Kahn:* vielleicht eine Anspielung auf die Überwältigung des Höllenhundes Kerberos (eine der zwölf Taten des Herakles), durch die Theseus aus der Unterwelt befreit wurde.

149 *Göttin ... Rosenwangen:* Gemeint ist Hebe, die Tochter des Zeus und der Hera; sie wurde als Göttin der Jugend verehrt.

133 **Resignation**

Entstehung: vermutlich Ende 1784.

Das Gedicht reflektiert (ebenso wie *Der Kampf*) Schillers Beziehung zu Charlotte von Kalb.

1 *Auch ... geboren:* Schiller greift ein geflügeltes lateinisches Wort seiner Zeit auf: »Et in Arcadia ego«. Diese Formel, deren literarische Herkunft unbekannt ist, findet sich zuerst auf ei-

nem Gemälde des italienischen Malers Guercino (d. i. Giovanni
Francesco Barbieri, 1591–1666) und auf zwei Gemälden des
französischen Malers Nicolas Poussin (1594–1665). Bei Guercino betrachten zwei junge Hirten gedankenvoll einen Toten-
kopf, unter dem die Worte »Et in Arcadia ego« stehen. Auf beiden Gemälden Poussins haben Hirten einen Sarkophag mit dieser Inschrift inmitten einer arkadischen Landschaft aufgefunden
und versuchen, die Schrift zu entziffern. Poussins zweites Bild
war durch Stiche und Nachbildungen im 18. Jahrhundert weit
verbreitet.

8 f. *Der ... nieder:* vgl. Anm. zu 93,68.

24 *Vorsicht:* Vorsehung.

33 *Weisung:* Anweisung; Einweisung auf ein zustehendes Gut.

51 *heißt:* verheißt.

63 *Sechstausend Jahre:* Zum Zeitpunkt des Erscheinens des Gedichts, 1786, waren nach jüdischer Zeitrechnung 5547 Jahre ver-
gangen.

136 Die Gunst des Augenblicks

Entstehung: vermutlich Mitte März 1802.

21–24 *Von ... nur:* Angespielt wird auf den biblischen Schöpfungs-
bericht, wonach Gott die Welt aus dem Nichts erschuf, indem er
sprach: »Es werde Licht« (1. Mose 1,3).

137 Poesie des Lebens. An ***

Entstehung: Juni 1795.

16 *Porte:* Pforte.

139 Sängers Abschied

Entstehung: September 1795. Erstdruck im *Musen-Almanach für
das Jahr 1796* u. d. T. »Stanzen an den Leser«.

17 *Triften:* Weiden.

140 **Phantasie an Laura**

Entstehung: vermutlich 1781.

8 *Fürstin:* die Sonne als Königin der Planeten.
10 *rollende:* kreisende.
16 *dauren:* dauern.
20 *Newtone:* Gemeint sind Astronomen. Der englische Physiker und Mathematiker Isaac Newton ist der Entdecker der Gravitationskraft und Begründer der Mechanik der Himmelskörper.
21 *Geister Orden:* nach lat. *ordines* ›Ordnungen, Klassen, Stufen geistiger Wesen‹.
26 *geußt:* gießt.
29 *Sennen:* Weiden.
34 *Federtrieb:* Gemeint sind Regelmäßigkeit und Stetigkeit des (federgetriebenen) Uhrwerks.
35 *arachneischen Gewebe:* ein von Arachne gewebter Teppich.
40 *Starrende:* erstarren machende.
41 *Wollust:* hier nicht in geschlechtlichem, moralisch abwertendem Sinn, sondern in der Bedeutung von: Wonne, Entzücken, innigste Freude.
43 *gold'nen Kindern:* Tränen. In Ovids *Metamorphosen* (2, V. 358–366) beweinen Phaëtons in Bäume verwandelte Schwestern dessen Tod mit Tränen, die zu (goldenem) Bernstein werden.
49 *flechten Schlangenwirbel:* wohl mit Blick auf die Laokoon-Gruppe formuliert.
59 *Saturnus:* hier als Gott der Zeit aufgefasst.

142 **Laura am Klavier**

Entstehung: vermutlich 1781.

2 *itzt:* jetzt.
6 *Philadelphia:* Jakob Philadelphia war ein Magier und Zauberkünstler.
10 *Wirbelgang:* Kreislauf.
12 *Naturen:* wohl die Gestirne.
18 *Seraphim:* Plural von Seraph; die himmlischen Heerscharen (Engel), die den Herrn umschweben (vgl. Jes. 6,1–6).

144 Elegie auf den Tod eines Jünglings

Entstehung: Frühjahr 1781. Zuerst 1781 als selbständiger Druck
u. d. T. »Elegie auf den Tod Johann Christian Weckerlins«.

20 *fleugt:* fliegt.
50 *in dem engen Haus:* im Grab.
55 *Pharisäer:* die Schriftgelehrten in der Bibel.
81 *Jehovas:* Jehova: im Alten Testament Name Gottes.
94 *schlirft:* schlürft.
96 *fleußt:* fließt.

148 Eine Leichenphantasie

Entstehung: Juni 1780.

29 *Elisiumslüften:* Elysiumslüften.
60 *Walhallas:* Stätte gefallener Helden, s. Anm. zu 21,1.
62 *Edens Tor:* Tor des Paradieses.

150 Vorwurf an Laura

Entstehung: vermutlich 1781.

21 *Frynen:* griechische Hetären (Phrynen).
34 *gähen:* jähen.
37 *Evoe:* Jubelruf der Bacchantinnen im Gefolge des Dionysos.
45 *Zynthius:* Beiname des Apollon nach seinem Heiligtum auf dem
   Kynthos auf der Insel Delos.
52 *Varus' Adler:* römisches Feldzeichen; Varus wurde im Jahre
   9 n. Chr. im Teutoburger Wald von Arminius (Hermann) dem
   Cherusker geschlagen.
58 *itzt:* jetzt.

153 Hymne an den Unendlichen

Entstehung: wahrscheinlich 1776 oder 1777.

10 *Jehovas:* vgl. Anm. zu 144,81.
14 *Zebaoths Namen:* die Namen des Herrn.

154 **Die Größe der Welt**

Entstehung: vielleicht 1778.

  20 *Waller:* Wanderer.

155 **Die schlimmen Monarchen**

Entstehung: vermutlich um 1780.

   3 *Anadyomenens:* Beiname der Aphrodite.
 12 *Phrynen:* vgl. Anm. zu 150,21.
 29 *Theaterminotaure:* Minotaurus: Ungeheuer (halb Mensch, halb Tier).
 33 *jach:* jäh.
 34 *Odem:* Atem.
 59 *Vivat:* Hochruf.
 70 *düsseln:* tuscheln.
 75 *Trabanten:* Begleiter, Diener.
 87 *Mäkler:* Makler.
 89 *Pharisäerlarven:* Heuchlermasken.
 97 *Seraile:* Paläste.
 98 *Wann:* wenn.
106 *für:* vor.

159 **Freigeisterei der Leidenschaft**

Entstehung: möglicherweise im Winter 1784/85.

 17 *elektrisch:* Eigenschaft von Körpern, die Anziehungskraft ausüben.
 18 *Talisman:* glückbringender Gegenstand, Zaubermittel.
 44 *Tirannenkette:* Tyrannenkette (als Metapher).
 76 *Nero:* römischer Kaiser.

Mythologische Namen
und Begriffe

Achilleus (Achilles) Sohn des Peleus und der Thetis; Enkel des
Aiakos, größter Held der Griechen vor Troja, tötete im Zweikampf Hektor, der zuvor seinen Freund Patroklos besiegt hatte,
und Penthesilea mit ihren Amazonen; fiel, wie vom sterbenden
Hektor vorausgesagt, am Skäischen Tor vor Troja durch einen
von Apollon gelenkten Pfeil des Paris, der ihn in die Ferse traf,
die einzig verwundbare Stelle seines Körpers

Admetos → Alkestis

Aegis tierähnliches Ungeheuer, von Athene erlegt, die sich aus
seiner Haut einen unverwundbaren Brustharnisch oder Schild
machte, auf den sie das Haupt der Medusa setzte. Auch anderen
Göttern, Zeus und Hera, diente die Aegide als unüberwindlicher
und schreckenerregender Schutzschild

Aias (Ajax) 1. griechischer Held vor Troja; verfiel aus Empörung
dem Wahnsinn und tötete sich selbst, als nach dem Tod des
Achilleus nicht er, sondern Odysseus die Waffen des Gefallenen
erhielt; 2. der lokrische A., wurde nach dem Ende des Trojanischen Kriegs auf der Heimfahrt von Athena verfolgt, weil er
Kassandra, ihre Priesterin, bei der Eroberung der Stadt vergewaltigt hatte; als seine Flotte unterging, wurde A. zunächst
gerettet, schließlich aber durch Poseidon getötet

Alcid Herakles als Enkel des Alkaios

Alkestis Tochter des Pelias und der Anaxibia, Gemahlin des Admetos, Königs von Thessalien. Auf Bitten des Apollon waren
die Parzen bereit, dem jungen, aber todkranken Admetos das
Leben zu verlängern, wenn sich jemand freiwillig für ihn opfere.
A. ging für ihn in den Tod, Herakles aber befreite sie wieder aus
den Händen des Todes

Amalthea Name der Ziege, die den kleinen Zeus nährte, bzw. der
Nymphe, die Zeus mit der Milch der Ziege aufzog; das abgebro-
chene Horn der Ziege wurde von Zeus zum unerschöpflichen,
segenspendenden Füllhorn gemacht

Amathunt → Aphrodite

Amor → Eros

Aphrodite (röm. *Venus*) Tochter des Zeus und der Dione; Göttin der Liebe und Schönheit, Gattin des Hephaistos, durch Ares Mutter des Eros (lat. Amor). Im Trojanischen Krieg unterstützte sie die Trojaner, weil Paris ihr im Schönheitswettbewerb zwischen ihr, Hera und Athena zum Preis verholfen hatte. Unter dem Beinamen Urania (›die Himmlische‹) galt A. als Göttin der edlen Liebe, unter dem Beinamen Pandemos (›die Gemeine‹) als Göttin der Sinnlichkeit

Apollon (röm. *Apollo*) Sohn des Zeus und der Leto, Zwillingsbruder der Artemis. Kurz nach der Geburt tötete er den Python-Drachen von Delphi und übernahm das Orakel; zu seinen Attributen gehören Leier und Bogen. Er wurde als Gott der Künste, insbesondere der Musik, und als Führer der Musen (Musaget) verehrt, der die Gabe der Dichtkunst verlieh; zugleich Vater der Weissagekunst, war er Vermittler poetischer und prophetischer Begeisterung, entsprechend der römischen Vorstellung vom Dichter-Seher (*poeta vates*). Der Bogen kennzeichnet A. als Gott der Sühne, dessen Pfeile Krankheit und Tod brachten. Er galt als Garant der sittlichen Ordnung und des edlen Maßes. Überdies wurde er als Sonnengott, unter dem Beinamen Phoibos (röm. Phoebus), verehrt

Arachne Tochter des Königs Idmon, eines Purpurfärbers aus Kolophon, berühmt für ihre Kunst des Teppichwebens; im Wettkampf mit Athene fertigte sie ein Gewebe, das die erotischen Abenteuer der Götter darstellte; zur Strafe wurde sie in eine Spinne (griech. *arachne*) verwandelt

Artemis (röm. *Diana*) Tochter des Zeus und der Leto, Zwillingsschwester des Apollon, Göttin der Jagd, Schutzherrin der Jugend und Jungfräulichkeit; ihre Waffe war wie die des Bruders der Bogen, mit dem sie die Töchter der Niobe tötete

Athena (Athene; röm. *Minerva*) Tochter des Zeus, Schirmherrin Athens; entsprang in voller Rüstung dem Haupt des Zeus, als Hephaistos dieses mit einer Axt spaltete; galt als Kriegs- und Friedensgöttin. Sie nahm am Kampf der Olympier gegen die

Giganten teil und stand auf der Seite der Griechen beim Kampf um Troja, weil Paris ihr im Schönheitswettbewerb mit Aphrodite und Hera den Preis vorenthalten hatte. Von Perseus erhielt sie das Schlangenhaupt der Meduse Gorgo, mit dem sie ihren Ziegenfellschild schmückte. – Als Friedensgöttin schützte sie den äußeren und inneren Frieden der Staaten, besonders Athens. Sie brachte den Menschen Pflug und Rechen, Spinnrocken und Webstuhl. Als Göttin der Weisheit war sie Beschützerin der Philosophen, Dichter und Redner. Die Eule war ihr heiliges Tier. Sie galt als Lehrerin aller handwerklichen Kunstfertigkeiten. – Um Attika und Athen musste sich A. mit Poseidon auseinandersetzen; der Streit sollte zugunsten desjenigen entschieden werden, der dem Land das wertvollere Geschenk mache; Poseidon erschuf das Pferd oder ließ, nach anderer Überlieferung, eine Quelle entspringen, A. den ersten Ölbaum wachsen; darauf wurde ihr der Sieg zugesprochen

Atreus   König von Mykene, Vater des Agamemnon und des Menelaos

Aurora → Eos

Avernus   See bei Cumä in Mittelitalien, nie von der Sonne beschienen, galt als einer der Eingänge zur Unterwelt

Bacchus → Dionysos

Ceres → Demeter

Charis   nach Homers *Ilias* als personifizierte Anmut Gattin des Schmiedekünstlers Hephaistos; → auch Grazien

Charybdis (Charybde) → Skylla und Charybdis

Cybele → Kybele

Cypria   Beiname der Aphrodite

Cythere (Cytherea)   Beiname der Aphrodite

Demeter (röm. *Ceres*)   Tochter des Kronos und der Rheia, Schwester des Zeus; ›Mutter Erde‹, Göttin der Fruchtbarkeit und des Wachstums in Acker- und Getreidebau, galt als Erfinderin der

Gesetze. – Als Hades ihre Tochter Persephone, die sie von Zeus hatte, raubte und zu seiner Gemahlin machte, irrte D. suchend über die Erde; nachdem sie von Helios die Wahrheit erfahren hatte, zog sie sich zurück, und die Erde wurde unfruchtbar. Schließlich setzte Zeus die Regelung durch, dass Persephone ein Drittel des Jahres in der Unterwelt, die übrige Zeit auf dem Olymp zubringen sollte. – Mit der alljährlichen Wiederkehr Persephones verband sich die Vorstellung des periodischen Wechsels vom Blühen und Sterben in der Natur

Deukalion Sohn des Prometheus. Er rettete sich und seine Gemahlin Pyrrha in einer Arche als einzige Überlebende aus einer Sintflut. Zeus gewährte ihnen die Bitte, neue Menschen erschaffen zu können: Auf sein Geheiß warfen sie Steine hinter sich, aus denen Männer und Frauen entstanden

Dionysos (röm. *Bacchus*) Sohn des Zeus und der Semele, Gott des Weines und der Baumzucht (der Vegetation überhaupt). Die Anhänger des D. erlebten *enthusiasmos* (sie waren ›des Gottes voll‹) und *ekstasis* (sie waren aus dem Alltag ›herausgetreten‹); sie folgten dem Gott in begeistertem Rausch. Beim D.-Kult mischten sich weibliche Mänaden (auch Bakchai, Bacchantinnen), efeubekränzt, in Rehfellen und mit Thyrsusstäben in der Hand, in die Schar der (männlichen) Satyrn

Dryaden (Singular: Dryas) Baum- und Waldnymphen

Elysium → Unterwelt

Eos (röm. *Aurora*) Tochter des Titanen Hyperion und der Titanin Theia, Schwester des Helios und der Selene; Göttin der Morgenröte

Eros (röm. *Amor*; auch *Cupido*) Sohn des Ares und der Aphrodite, Gott der Liebe; zu seinen Attributen gehörte u. a. die Fackel, die er der Artemis geraubt hatte

Erinnyen (*Erinyen*; röm. *Furien*) unterirdische Rachegöttinnen mit Schlangenhaaren und drohend geschwungenen Fackeln. Ihre Namen sollen Allekto, Teisiphone und Megaira gewesen sein

Eumeniden euphemistische Bezeichnung für die Erinnyen, ›die Wohlgesinnten‹ (nach griech. *eumenia* ›Wohlwollen, Gnade‹)

Faun krummnasiges, gehörntes und bocksfüßiges Wesen; Faune galten als eine Art Waldgötter

Flora Göttin der Blumen und Blüten, Frühlingsgöttin

Fortuna (griech. *Tyche*) eine der Okeaniden; Göttin des Glücks und Unglücks, des (blinden) Schicksals

Genius ein Wesen zwischen Göttern und Menschen, jedem einzelnen Menschen bei seiner Geburt als eine Art Schutzgeist mitgegeben

Grazien (griech. *Chariten*) drei Töchter des Zeus und der Eurynome: Aglaia (›Glanz‹), Euphrosyne (›Frohsinn‹) und Thaleia (›Blüte‹). Sie traten im Gefolge von Apollon, Hermes und Aphrodite auf und brachten Schönheit, Anmut und Freude. Wie im Fall der Musen ist gelegentlich auch von einer einzelnen Grazie oder Charis die Rede, oft als personifizierte Anmut verstanden

Hades (röm. *Pluto*) Sohn des Kronos und der Rheia, Bruder des Zeus und des Poseidon, Gatte der Persephone, Gott der Unterwelt; → auch Unterwelt

Hebe → Herakles

Hekabe (röm. *Hekuba*) Tochter des Dymas, Gemahlin des Priamos, Mutter von Hektor, Paris und Kassandra; nach dem Untergang Trojas geriet sie in die Hände des Odysseus

Hektor Sohn des Priamos und der Hekabe, Gatte der Andromache und Vater des Astyanax; größter Held der Trojaner im Kampf um die Stadt; er fiel im Zweikampf mit Achilleus

Hekuba → Hekabe

Helios (röm. *Sol*) Sohn des Titanen Hyperion und der Titanin Theia, Bruder der Eos und der Selene; Sonnengott, der ›alles Sehende‹. Am Tage fuhr H. in einem von Flügelrossen gezogenen Wagen über den Himmel; nachts weilte er im Westen im Land der Hesperiden oder im Okeanos; H. trägt auch den Beinamen Titan

Hephaistos (röm. *Vulcanus*; *Vulkan*) Sohn des Zeus und der Hera, Gott des Feuers, der Schmiede und der Handwerker; obwohl von Geburt lahm, erhielt er die schönste Göttin, Aphrodite, zur Gattin. Aus seiner unterirdischen Werkstatt stammten die kostbarsten Waffen und Geräte: die Rüstung des Achilleus, insbesondere der kunstvolle Schild sowie Harnisch, Helm, Haarbusch, Beinschienen und Schwert, ferner das Zepter des Zeus, der Wagen des Helios, die Pfeile des Eros u. a.

Herakles (röm. *Hercules*; *Herkules*) Sohn des Zeus und der Alkmene, größter Heros der Griechen; vollbrachte zwölf große Taten, darunter die Tötung der Hydra und des nemeischen Löwen. H. starb an den Folgen von Verletzungen, die ihm durch ein von seiner eifersüchtigen Gattin Deianeira vergiftetes Gewand zugefügt worden waren, auf dem Berg Oite. Im Olymp wurde er Hebe, der Tochter des Zeus und der Hera, vermählt

Herkules → Herakles

Hermes (röm. *Mercurius*; *Merkur*) Sohn des Zeus und der Maia, Götterbote mit Flügelschuhen, Reisehut und Heroldsstab, der auch als Zauberstab gedeutet wurde, den er von Apollon bekommen habe und mit dessen Hilfe er Menschen einschläfern und aufwecken, ihnen Träume senden, ihre Seelen in die Unterwelt schicken und von dort wieder heraufholen konnte; Psychopompos (›Seelengeleiter‹), der die Seelen der Verstorbenen in die Unterwelt führte. Außerdem: Gott der Hirten, der Diebe, der glücklichen Funde und der Erfindungen (auch auf geistigem Gebiet, im Erklären und Auslegen), der Redner, des Handels und der Kaufleute

Hesperus Sohn oder Bruder des Atlas, der Abendstern; er wurde als schönster der Sterne verehrt

Horen Töchter des Zeus und der Themis, verkörperten zunächst die Zeit, die etwas reifen lässt, dann auch die Jahreszeiten (lat. *hora* ›Stunde‹; im Plural: ›Jahreszeiten‹)

Hydra neunköpfige Wasserschlange im lernäischen Sumpf, deren Köpfe doppelt nachwuchsen, sobald sie abgeschlagen wurden. Die Tötung der H. war die zweite der zwölf Arbeiten des Herakles

Hymenaios (Hymen)   Sohn des Dionysos und der Aphrodite, nach anderer Überlieferung des Apollon und einer Muse; griechischer Gott der Hochzeit

Iris   Tochter des Thaumas und der Elektra, geflügelte Götterbotin, die sich des Regenbogens als Straße vom Himmel zur Erde bediente

Jupiter → Zeus

Kalchas (Calchas)   Seher und Wahrsager der Griechen, der vor Beginn des Trojanischen Krieges einen zehn Jahre währenden Kampf vorhergesagt hatte

Kamenen (auch *Kamönen*)   italische Quellgottheiten, den griechischen Musen gleichgesetzt

Kastor und Polydeukes (röm. *Pollux*)   die Dioskuren, Zwillingssöhne des Zeus und der Leda. Im Kampf mit ihren Vettern Lynkeus und Idas wurde K. von Idas getötet, P. dagegen besiegte Lynkeus. Als P. in den Olymp aufgenommen wurde, erwirkte er bei Zeus, dass er mit seinem Bruder zusammenbleiben durfte. So lebten sie abwechselnd auf dem Olymp und in der Unterwelt. – Sie galten als Helfer der Menschheit, insbesondere als Retter in Seenot, und wurden später mit dem Tierkreiszeichen der Zwillinge am Himmel identifiziert

Kekrops   ältester König von Attika; er galt als Erbauer der athenischen Burg und Schöpfer der ersten Gesetze und sozialen Einrichtungen

Kentauren   wilde Fabelwesen mit menschlichem Oberkörper und dem Rumpf eines Pferdes, oft neben Satyrn und Bacchantinnen im Gefolge des Dionysos

Kokytos (röm. *Cocytus*; *Kozytus*)   ›Strom der Wehklage‹, einer der Unterweltflüsse

Kronion   Beiname des Zeus

Kupido (Cupido) → Eros

Kybele (Cybele)   phrygische Gottheit; sie wurde als ›Große Mutter‹ bezeichnet oder Mutter der Götter. Als Attribut hatte sie eine Krone, die wie ein Mauerkranz mit Türmen aussah; Löwen und Panther zogen ihren Wagen

Lethe → Unterwelt

Mänaden (Singular: Mänas) → Dionysos

Melpomene → Musen

Minerva → Athene

Moiren (röm. *Parzen*) die drei Schicksalsgöttinnen: Klotho, Lachesis und Atropos. Sie hatten das Leben des Menschen in ihrer Hand: Die erste hielt den Spinnrocken, die zweite spann den Lebensfaden, die dritte schnitt ihn durch. Nach anderer Vorstellung wurde der Faden von Klotho gesponnen, von Lachesis zugeteilt, von Atropos durchgeschnitten. Gelegentlich ist auch von einer einzelnen Parze die Rede

Mulciber Beiname des Vulcanus (griech. Hephaistos), der das Eisen beim Schmieden weich macht; abgeleitet vielleicht von lat. *mulcere* ›besänftigen‹

Musen Töchter des Zeus und der Mnemosyne, Göttinnen der Künste, deren gewöhnlich neun angenommen werden: Erato (Lyrik, Liebesdichtung), Euterpe (lyrische Poesie mit Flötenbegleitung), Kalliope (epische Dichtung und Wissenschaft), Kleio (Geschichtsschreibung), Melpomene (Gesang und Tragödie), Polyhymnia (ernster Gesang mit Instrumentalbegleitung), Terpsichore (Tanz), Thaleia (Komödie), Urania (Astronomie)

Najaden Quell- und Flussnymphen, zu deren Attributen Urnen gehörten

Nemesis griechische Göttin des rechten Maßes, der ausgleichenden Gerechtigkeit, der Vergeltung von Gutem und Bösem. Abbildungen zeigen sie mit einem Zaum, einer Elle oder einem anderen Maß

Neoptolemos (bei den Römern oft *Pyrrhus*) Sohn des Achilleus und der Deidameia

Neptun → Poseidon

Nestor Sohn des Nelus und der Chloris, König von Pylos; er nahm in hohem Alter am Zug der Griechen nach Troja teil; seine Beredsamkeit und sein weiser Rat wurden sprichwörtlich

Nike (röm. *Victoria*) Tochter des Titanen Pallas und der Styx, Personifikation des Sieges, den Zeus oder Athene verliehen. Daher tragen Statuen dieser Götter häufig kleine Figuren der Siegesgöttin in den Händen

Niobe Tochter des Tantalos und der Dione. Sie hatte mit dem thebanischen König Amphion vierzehn Kinder; als sie damit der Leto gegenüber, die nur zwei Kinder hatte, Apollon und Artemis, prahlte, nahmen diese Rache: Artemis tötete die sieben Töchter, Apollon die sieben Söhne der N., die – beständig weinend – von Zeus schließlich in einen Stein verwandelt wurde, der fortwährend Tränen vergießt

Nymphen Töchter des Zeus, Göttinnen der freien Natur, im Gefolge des Dionysos weibliche Partner der begehrlichen Satyrn und Silenen

Olymp (griech. *Olympos*, röm. *Olympus*) Gebirge in Thessalien; nach antiker Vorstellung Sitz der Götter; gelegentlich Bezeichnung für den Himmel

Oreaden Bergnymphen

Orestes Sohn des Agamemnon und der Klytaimnestra, Bruder der Elektra und der Iphigenie. Nach der Ermordung seines aus Troja heimkehrenden Vaters durch Klytaimnestra und Aigisthos vollzog O. auf Geheiß Apollons die Blutrache und wurde deswegen als Muttermörder von den Erinnyen bis zum Wahnsinn verfolgt

Orion Sohn des Poseidon und der Euryale, ein riesenhafter Jäger; nach einem Teil der Überlieferung verfolgte er die Pleiaden, bis alle von Zeus als Sternbilder an den Himmel versetzt wurden

Orkus → Unterwelt

Pallas Beiname der Athena

Parzen (Einzahl: Parze) → Moiren

Patroklos Sohn des Menoitios, bester Freund des Achilleus, fiel vor Troja durch Hektor

Penaten gelegentlich mit den Laren gleichgesetzt; römische Schutzgötter des Hauses (lat. *lares familiares*); daneben gab es die *lares patrii*, unter deren Schutz ganze Städte und Länder standen

Persephone (röm. *Proserpina*) → Demeter

Philoktet (griech. *Philoktetes*) König von Meliboia in Thessalien; der sterbende Herakles hinterließ ihm seinen stets treffenden Bogen mit den Giftpfeilen. Dieser Bogen spielte bei der Eroberung Trojas eine wichtige Rolle, weil ein Orakel geweissagt hatte, dass die Griechen ohne ihn nicht siegen würden

Philomele Tochter des Pandion und der Zeuxippe. Sie wurde von ihrem Schwager Tereus vergewaltigt und dadurch zum Schweigen gebracht, dass er ihr die Zunge herausriss; Ph. aber verriet ihrer Schwester Prokne das Verbrechen, indem sie es auf einem Gewebe andeutete. Beide Schwestern rächten sich, indem sie Itys, den Sohn des Tereus, töteten; als Tereus darauf Ph. in blinder Wut verfolgte, verwandelte Zeus alle in Vögel: Tereus in einen Wiedehopf (oder Habicht), Ph. in eine Schwalbe (oder Nachtigall) und Prokne in eine Nachtigall (oder Schwalbe)

Phoibos (röm. *Phöbus*) Beiname des Apollon mit der Bedeutung ›leuchtend, rein‹; gelegentlich auch auf Helios bezogen

Pluto → Hades

Poseidon (auch *Posidaon*; röm. *Neptun*) Sohn des Kronos und der Rheia, Bruder des Zeus und des Hades, Gemahl der Amphitrite, Gott des Meeres; erhielt bei der Verteilung der Herrschaft unter den Brüdern das Meer zugewiesen; baute mit Apollon für König Laomedon die Mauern Trojas, wurde jedoch um seinen Lohn betrogen und zum erbitterten Gegner der Trojaner; → auch Athena

Priamos Sohn des Laomedon, König von Troja, Vater des Hektor, Paris und der Kassandra

Proserpina → Demeter

Pygmalion 1. berühmter Bildhauer, der sich in eine von ihm selbst geschaffene weibliche Statue verliebte und Aphrodite bat, sie mit Leben zu erfüllen; die Göttin erfüllte ihm die Bitte; 2. Bruder der Dido

Pyrrha → Deukalion

Satyr → Dionysos

Selene (röm. *Luna*) Tochter des Titanen Hyperion und der Titanin Theia, Schwester des Helios und der Eos; Göttin des Mondes

Skylla und Charybdis Meeresungeheuer, die zusammen eine Meerenge sperrten. Auf der einen Seite saugte die Charybdis dreimal am Tag das Meerwasser ein und stieß es brüllend wieder hervor, auf der anderen Seite bedrohte Skylla, ein Untier mit sechs Köpfen, die Seeleute

Sphinx Wesen aus dem Leib eines geflügelten Löwen mit einem Frauenkopf; die Sphinx in Theben stellte die Rätselfrage nach einem Ding mit zwei, drei und vier Füßen; als Ödipus das Rätsel löste – der Mensch (als Greis mit Stock und als Säugling auf allen Vieren) –, stürzte sie sich von einem Felsen, und die Stadt war befreit

Styx → Unterwelt

Syrinx Nymphe, die auf der Flucht vor Pan in ein Schilfrohr verwandelt wurde

Tartaros (Tartarus) → Unterwelt

Thaleia (röm. *Thalia*) → Musen

Themis Tochter des Uranos und der Gaia, Göttin der Gerechtigkeit und Gesetzlichkeit

Thetis Tochter des Nereus und der Doris, eine der Nereiden, der Meeresnymphen im Gefolge des Poseidon; Mutter des Achill

Tydeus Sohn des Oineus und der Periböa oder Euryböa oder auch Althäa, Vater des Diomedes

Unterwelt (auch *Tartaros, Erebos, Hades, Orkus*) das von Hades und Persephone beherrschte Reich der Toten unter der Erde, in dem die Seelen der Verstorbenen als Schatten weiterlebten. – Hermes in seiner Funktion als Psychopompos (›Seelengeleiter‹) führte die Seelen in die Unterwelt; Charon, der Totenfährmann, setzte sie über die Unterweltflüsse, darunter Styx, der die Unterwelt neunfach umfloss, Acheron, Kokytos, den Klagefluss, bei dem die Verstorbenen ihre Vergehen und den Verlust des irdischen Daseins beweinten. Kerberos, der Höllenhund, hielt Wache, um die Seelen passieren, aber nicht wieder fortgehen zu lassen. – Die Totenrichter Minos, Aiakos und Rhadamanthys hielten Gericht. Die Frommen gingen in die vom Lethe (dem Strom des Vergessens) umflossenen Gefilde Elysiums ein, wo sie in ewiger Glückseligkeit lebten; die Verurteilten wurden in den (eigentlichen) Tartaros gestoßen und dort gepeinigt

Urania 1. eine der Musen; sie hat ihren Namen von griech. *uranos* ›Himmel‹ und verkörpert insofern allgemein die Wissenschaft; 2. Beiname der Aphrodite

Venus → Aphrodite

Vertumnus römischer Gott des Wechsels der Jahreszeiten und des Pflanzenwuchses; er wurde als Feld- und Gartengottheit dargestellt, in der Gestalt eines Jünglings, der in der linken Hand eine Schale mit Gartenfrüchten, in der rechten ein Füllhorn trägt

Victoria → Nike

Zentauren → Kentauren

Zephyros (Zephyrus, Zephyr) der Westwind, Bote des Frühlings

Zeus (röm. *Jupiter*) Sohn des Kronos (daher gelegentlich mit dem Beinamen Kronion) und der Rheia; Bruder des Poseidon und des Hades, höchster Gott der Griechen, unumschränkter Herrscher über Götter und Menschen, thronte auf dem Olymp. – Z. wurde nur durch die List seiner Mutter Rheia vor seinem Vater Kronos gerettet, der seine Kinder zu verschlingen pflegte, weil er von ihnen gestürzt zu werden fürchtete, wie es dann durch Zeus und seine Brüder Hades und Poseidon auf Weissagung der Gaia geschah; nach dem Sieg über den Vater fiel Zeus die Herrschaft über Himmel und Erde, Poseidon die über das Meer, Hades die über die Unterwelt zu

Nachwort

Auswahl und Anordnung der Gedichte Schillers richten sich in der vorliegenden Ausgabe nach der Textvorlage, die der Dichter bei seinem Tod (am 9. Mai 1805) hinterlassen hat: nach der sogenannten ›Prachtausgabe‹, die er 1804 zusammengestellt hatte und die von dem Leipziger Verleger Crusius veröffentlicht werden sollte. Meinungsverschiedenheiten zwischen den Schillerschen Erben und dem Verleger ließen das Projekt scheitern. Erst 1904, im ersten Band der ›Säkular-Ausgabe‹ der sämtlichen Werke Schillers, wurden die Texte der ›Prachtausgabe‹ zum ersten Mal veröffentlicht.

Schiller, der sich zeit seines Lebens bewusst war, dass er auf dem dramatischen Feld Vorzüglicheres zu leisten imstande war als auf dem lyrischen, verfuhr bei seiner Musterung sehr streng: Weniger als ein Drittel seiner in einem Vierteljahrhundert entstandenen Gedichte erschienen ihm geeignet, der Nachwelt in einem bibliophilen Band überliefert zu werden. Die Strenge hatte er schon Jahre vorher walten lassen, als er das nach seiner Ansicht Erhaltenswerte in einer Sammlung, die 1800 bei Crusius erschien, der Öffentlichkeit vorlegte. In diesen Band hatte er nur ein einziges seiner etwa fünfzig Gedichte aus der »Anthologie auf das Jahr 1782« aufgenommen, jener Gedichte also, die zusammen mit dem Erstlingsdrama *Die Räuber* das Bild des Sturm-und-Drang-Dichters bis heute bestimmen. Als Schiller der ersten Sammlung 1803 eine zweite folgen ließ (vornehmlich aus ökonomischen Erwägungen), konnte er natürlich nicht mehr so wählerisch sein und griff auch auf seine frühen Gedichte zurück; diese »wilden Produkte eines jugendlichen Dilettantism« seien, schrieb er dazu rechtfertigend in einer »Vorerinnerung«, »schon ein verjährtes Eigentum des Lesers, der sich oft auch das Unvollkommene nicht gern entreißen lässt«. Bei der Auswahl für die ›Ausgabe letzter Hand‹ war dann wieder der Maßstab des ›klassisch‹ gewordenen Dichters angebracht.

Schiller stellte die Texte seiner ›Prachtausgabe‹ nicht nach der Chronologie und nicht nach inhaltlichen Gesichtspunkten zusammen, sondern nach Gattungs-Kriterien. Das erste Buch enthält Lieder und liedartige Gedichte, das zweite Balladen, das dritte Elegien und Epigramme, das vierte schließlich philosophische Gedichte.

Die vorliegende Sammlung, die der Schillerschen Anordnung folgt, ist eine Auswahl der Auswahl. Dem Benutzer mag sich die Frage aufdrängen, nach welchen Prinzipien nun noch einmal ausgewählt wurde. Die Antwort, die natürlich nicht völlig überzeugend sein kann, lautet: Die Geschichte hat in einem Rezeptionsprozess von zweihundert Jahren einigen Gedichten einen höheren Rang bestätigt als anderen (und ist nicht, zum Beispiel, *Dithyrambe* tatsächlich ein geglückteres Gedicht als *Punschlied*?); außerdem konnte das subjektive Geschmacksurteil dessen, der die Auswahl besorgte, nicht dispensiert werden. So erklärt es sich, dass von zwölf Balladen, mit denen Schiller das zweite Buch füllte, fünf nicht berücksichtigt wurden, nämlich *Hero und Leander*, *Ritter Toggenburg*, *Der Graf von Habsburg*, *Der Gang nach dem Eisenhammer* und *Der Kampf mit dem Drachen*. Sie sind in vielen Schiller-Ausgaben enthalten.

Die zahlreichen Gedichte, denen Schiller 1804 eine Aufnahme in die ›Prachtausgabe‹ verweigerte, durften in der hier präsentierten Ausgabe nicht völlig unberücksichtigt bleiben. Als eine Art Nachtrag sind daher noch acht Texte aus der »Anthologie auf das Jahr 1782« sowie das vermutlich 1784 entstandene Gedicht *Freigeisterei der Leidenschaft* zusätzlich aufgenommen worden – ausgewählt nach den angedeuteten Prinzipien.

Über sechs Jahre, von Frühjahr 1789 bis Sommer 1795, hatte sich Schiller aller lyrischen Produktion enthalten. Nachdem er genötigt war, sie wieder aufzunehmen, um die Beiträge für die von ihm herausgegebenen Periodika, den »Musen-Almanach« und »Die Horen«, zu vermehren, empfing er von Goethe ein wohlgemeintes Lob, das freilich auch eine Distanz verrät, die dem heutigen Leser nicht fremd ist oder wenigstens verständlich sein sollte. Am 6. Oktober 1795 schrieb Goethe dem Freund: »Diese sonderbare Mischung von Anschauen und Abstraktion die in Ihrer Natur ist, zeigt sich nun in vollkommenem Gleichgewicht, und alle übrigen poetischen Tugenden treten in schöner Ordnung auf.« Der poetischen Tugenden wegen lohnt es sich, den Lyriker Schiller nicht aus den Augen zu verlieren. Die Wirkung muss heute nicht geringer sein als vor fünfzig oder hundert Jahren, aber sie sollte stärker als früher bestimmt werden von ästhetischen Wahrnehmungen und weniger von der Beurteilung moralisch gemeinter ›Botschaften‹, an denen es in Schillers Lyrik wie in seinem übrigen Werk bekanntlich nicht fehlt.

Norbert Oellers

Gedichtüberschriften und -anfänge

Am Antritt des neuen Jahrhunderts 92
x Amalia 21
An die Freude 10
An die Freunde 26
Auch das Schöne muss sterben! 90
Auch ich war in Arkadien geboren 133

Banges Stöhnen 144

Da ihr noch die schöne Welt regieret 93
Damon und Pythias 50
Das Eleusische Fest 107
Das Glück 71
Das Ideal und das Leben 128
Das Lied von der Glocke 28
Das Mädchen aus der Fremde 9
Das Siegesfest 13
Der Abend. Nach einem Gemälde 19
Der Alpenjäger 66
Der Genius 74
Der Handschuh 64
Der Ring des Polykrates 41
Der Spaziergang 82
Der Tanz 70
Der Taucher 58
Die Blumen 20
Die der schaffende Geist 154
Die Geschlechter 80
Die Götter Griechenlandes 93
Die Größe der Welt 154
Die Gunst des Augenblicks 136
Die Ideale 97

Die Kindesmörderin 22
Die Kraniche des Ibykus 44
Die Künstler 113
Die Muse schweigt, mit jungfräulichen
  Wangen 139
Die Sänger der Vorwelt 69
Die schlimmen Monarchen 155
Die Worte des Glaubens 100
Die Worte des Wahns 101
Dithyrambe 13
Drei Worte hört man bedeutungsschwer . . . 101
Drei Worte nenn ich euch, inhaltsschwer . . . 100

Edler Freund! Wo öffnet sich dem Frieden . . 92
Eine Leichenphantasie 148
Elegie auf den Tod eines Jünglings 144
Endlich erblickt ich auch 78
Er stand auf seines Daches Zinnen 41
Euren Preis erklimme meine Leier 155
Ewigklar und spiegelrein und eben 128

Fest gemauert in der Erden 28
Freigeisterei der Leidenschaft 159
Freude war in Trojas Hallen 54
Freude, schöner Götterfunken 10

»Glaub ich«, sprichst du 74

Hektors Abschied 18
Horch – die Glocken hallen 22
Hymne an den Unendlichen 153

In einem Tal bei armen Hirten 9
Ist der holde Lenz erschienen? 102

Kassandra   54
Kinder der verjüngten Sonne   20
Klage der Ceres   102

Laura am Klavier   142
Lieben Freunde! Es gab schönre Zeiten . . .   26

Mädchen halt – wohin mit mir   150
Meine Laura! Nenne mir den Wirbel   140
Mit erstorbnem Scheinen   148

Nänie   90
*Nein – länger länger werd ich diesen Kampf
    nicht kämpfen*   159
Nimmer, das glaubt mir   13

Phantasie an Laura   140
Poesie des Lebens   137
Pompeji und Herkulanum   76
Priams Veste war gesunken   13

Resignation   133

Sagt, wo sind die Vortrefflichen hin   69
Sängers Abschied   139
Schön wie Engel voll Walhallas Wonne   21
Sei mir gegrüßt mein Berg   82
Selig, welchen die Götter, die gnädigen . . .   71
Senke, strahlender Gott   19
Shakespears Schatten   78
Sieh in dem zarten Kind   80
Siehe wie schwebenden Schritts   70
So willst du treulos von mir scheiden   97

Und so finden wir uns wieder   136

Vor seinem Löwengarten 64
Vorwurf an Laura 150

Welches Wunder begibt sich? 76
»Wer möchte sich an Schattenbildern
   weiden [...]« 137
»Wer wagt es, Rittersmann oder Knapp [...]« 58
Wenn dein Finger durch die Saiten meistert . . 142
Wie schön, o Mensch 113
Will sich Hektor ewig von mir wenden . . . 18
Willst du nicht das Lämmlein hüten? 66
Windet zum Kranze die goldenen Ähren . . . 107

Zu Dionys dem Tyrannen schlich 50
Zum Kampf der Wagen und Gesänge 44
Zwischen Himmel und Erd 153

Gedichte und Interpretationen

IN RECLAMS UNIVERSAL-BIBLIOTHEK

Band 1: Renaissance und Barock. 416 S. UB 7890
Band 2: Aufklärung und Sturm und Drang. 464 S. UB 7891
Band 3: Klassik und Romantik. 464 S. UB 7892
Band 4: Vom Biedermeier zum Bürgerlichen Realismus. 448 S. UB 7893
Band 5: Vom Naturalismus bis zur Jahrhundertmitte. 428 S. UB 7894
Band 6: Gegenwart I. 430 S. UB 7895
Band 7: Gegenwart II. 342 S. UB 9632

Deutsche Balladen. 473 S. UB 8457
Gedichte von Gottfried Benn. 250 S. UB 17501
Gedichte von Bertolt Brecht. 195 S. UB 8814
Gedichte von Paul Celan. 241 S. UB 17518
Gedichte von Theodor Fontane. 296 S. UB 17515
Gedichte von Erich Fried. 170 S. UB 17507
Gedichte von Johann Wolfgang Goethe. 320 S. UB 17504
Gedichte von Heinrich Heine. 268 S. UB 8815
Gedichte von Friedrich Hölderlin. 224 S. UB 9472
Gedichte von Ernst Jandl. 173 S. UB 17519
Gedichte von Eduard Mörike. 182 S. UB 17508
Gedichte von Rainer Maria Rilke. 248 S. UB 17510
Gedichte von Friedrich Schiller. 324 S. UB 9473
Gedichte von Georg Trakl. 222 S. UB 17511
Liebesgedichte der Gegenwart. 173 S. UB 17520

Philipp Reclam jun. Stuttgart

Dramen des Sturm und Drang

IN RECLAMS UNIVERSAL-BIBLIOTHEK

Heinrich Wilhelm von Gerstenberg, Ugolino. Mit einem Anhang und einer Auswahl aus den theoretischen und kritischen Schriften. Hrsg. v. Ch. Siegrist. 158 S. UB 141

Johann Wolfgang Goethe, Clavigo. Nachw. v. H. Bachmaier. 69 S. UB 96 – Götz von Berlichingen. 112 S. UB 71 – Stella. Nachw. v. H. Bachmaier. 64 S. UB 104 – Urfaust. Eingel. v. R. Petsch. 71 S. UB 5273

Friedrich Maximilian Klinger, Sturm und Drang. Mit einem Anhang zur Entstehungs- und Wirkungsgeschichte. Hrsg. v. J.-U. Fechner. 173 S. UB 248 – Die Zwillinge. Nachw. v. K. S. Guthke. 79 S. UB 438

Johann Anton Leisewitz, Julius von Tarent. Hrsg. v. W. Keller. 119 S. UB 111

Jakob Michael Reinhold Lenz, Der Hofmeister oder Vorteile der Privaterziehung. Nachw. v. K. S. Guthke. 104 S. UB 1376 – Die Soldaten. Nachw. v. M. Windfuhr. 79 S. UB 5899

Friedrich Schiller, Kabale und Liebe. 128 S. UB 33 – Die Räuber. Mit einem Nachwort. 168 S. UB 15 – Die Verschwörung des Fiesko zu Genua. 120 S. UB 51

Heinrich Leopold Wagner, Die Kindermörderin. Im Anhang: Auszüge aus der Bearbeitung von K. G. Lessing (1777) und der Umarbeitung von H. L. Wagner (1779) sowie Dokumente zur Wirkungsgeschichte. Hrsg. v. J.-U. Fechner. 174 S. UB 5698

Interpretationen: Dramen des Sturm und Drang. 7 Beiträge. 252 S. UB 8410

Philipp Reclam jun. Stuttgart